产城融合的测度、机制及效应研究

刘欣英 著

中国社会科学出版社

图书在版编目（CIP）数据

产城融合的测度、机制及效应研究/刘欣英著 . —北京：
中国社会科学出版社，2019.5
ISBN 978 - 7 - 5203 - 4436 - 4

Ⅰ . ①产… Ⅱ . ①刘… Ⅲ . ①城市化—研究—中国
Ⅳ . ①F299.21

中国版本图书馆 CIP 数据核字 (2019) 第 090980 号

出 版 人	赵剑英
责任编辑	刘晓红
责任校对	周晓东
责任印制	戴 宽
出 版	中国社会科学出版社
社 址	北京鼓楼西大街甲 158 号
邮 编	100720
网 址	http：//www.csspw.cn
发 行 部	010 - 84083685
门 市 部	010 - 84029450
经 销	新华书店及其他书店
印 刷	北京明恒达印务有限公司
装 订	廊坊市广阳区广增装订厂
版 次	2019 年 5 月第 1 版
印 次	2019 年 5 月第 1 次印刷
开 本	710×1000 1/16
印 张	14.5
插 页	2
字 数	223 千字
定 价	66.00 元

凡购买中国社会科学出版社图书，如有质量问题请与本社营销中心联系调换
电话：010 - 84083683

前　　言

　　改革开放以来，中国城市化和工业化进程保持了稳定、快速发展的态势。但与此同时，城市化和工业化进程中也给城市发展和产业推进带来诸多矛盾与问题，如人民日益提高的生活水平和资源要素浪费与稀缺的矛盾，城市扩张与生态环境遭到破坏的矛盾，城市农民利益缺乏保障导致用工荒的问题，产业层级低与技术自主创新能力弱等，当前产城融合已经成为亟待研究的难题，而现有研究成果又较少对这一问题进行系统的探讨。因此，对产城融合的深入研究将有利于城市发展理论与产业发展理论的进一步完善，有利于城市与产业的共生、互惠，有利于城市空间利用和产业集聚，有利于规避盲目城市化带来的空城现象，有利于增加就业，有利于构建城市产业绿色生态体系，有利于增强城市和产业的自组织能力，有利于有序推进城市化，有利于改进城市公共资源配置，有利于提高城市经济的可持续发展潜力，有利于提高居民的生活质量，保证城市与产业的可持续性发展。

　　研究的主要内容包括：①在文献梳理基础上提出产城融合的内涵，主要体现在资源与效率的统一、生产和生活的互动、居住与服务的和谐、经济与环境的协调等方面。②从城市与产业的自身发展与联动角度提出了产城融合的影响因素，既包括产业发展中的产业要素、产业结构、产业布局、产业组织与产业集聚，还包括城市功能中的经济、生活与承载等因素，更包括连接二者的联动因素及不确定性因素等。③阐述产城融合的作用机制，提出产业发展、城市功能及联动等因素对产城融合有边际贡献动力作用，产城融合与各因素之间有交互影响作用。④提出产城融合具有自我强化效应（自效应）与溢出效应，产城融合对城市与产业本身及对城市周围地区带来效应影响。⑤通过实证测度分析得出不同规模城市产城融合具有差异性，多元相关分析得出各影响因素对产城融合具有正向推动作用；同时，构建 VAR 模型得出各级城市产城融合与因素之间也具有交互影响作用。运用面板数据得出特大城市产城融合具有自我推动的影响效应，并根据 SDM 模型得出其对于城市周边经济发展具有外溢效应。⑥并针对不同规模给出具体政策建议，促进产城融合的进一步发展，同时提出有利于其他区域产城融合发展的政策含义。

本书的特点有以下四个方面：

（1）内容挑战性。产城融合是近年来才在学术界出现的概念，甚至还有专家因为城市定义中提到产业而质疑这一概念，但城市定义中的产业只是作为城市的组成部分而出现，并不能体现产业在城市中的集聚经济效应或是空间利用程度，更不能反映出产业对于城市的社会综合效益，因此出现新的概念来显现产业与城市在人口、经济、环境、文化等方面的协调与统一成为必然。由于产城融合概念较新，所以由此展开的学术研究也相对有限，目前对于产城融合的研究不多，还有很多探索空间需要扩展，所以，选择产城融合这一不是非常成熟的概念作进一步的机制与效应研究具有一定的难度与挑战性。

（2）体系完整性。学术上对产城融合的研究最初多在概念内涵上，后来扩展到经验模式、指标测度等方面，但是很少涉及机制与效应的研究，这就使产城融合的研究是碎片化的非完整体系，本书针对产城融合的国内外文献从内涵回顾、经验行为、存在问题及定量测度等不同角度进行综述与评价的基础上，完整提出产城融合的内涵、影响因素、作用机制、评价体系及效应影响，通过产城融合经济空间"城市—产业—人口"一体化体系中关键的影响因素、机制及效应的理论分析框架；构建产城融合评价指标体系；同时从时空角度定量分析产城融合的效应影响，以期为解决实际问题提供理论指导。

（3）结构合理性。全书各章既自成一体，又和其他章节相互匹配，整体协调。本书在梳理已有关于城市与产业的研究成果基础上，构建了产城融合的基础理论框架。对产城融合的内涵特征进行再解读、理论基础进行探析，提出产城融合的影响因素。在此基础上，根据产城融合所包含的基本内涵及影响因素构建科学合理的产城融合测度指标体系，并进行产城融合驱动与状态的实证测度；进行产城融合机制与效应的分析，在理论分析及定量测度的基础上进行产城融合发展状况的差异性分析，探讨产城融合的驱动与交互作用及内外效应，在分析基础上提出产城融合发展重点与政策建议及扩展政策含义。通过理论与实证分析的相互联系，反映产城融合的动力与交互作用及效应影响，充分体现产城融合各要素在时间与空间上的作用机制。

（4）方法多元化。本书运用文献查阅法、数据收集法、定性描述法、归纳推演法、定量分析法、实证分析法、比较分析法等多种分析方法，对产城融合的机制与效应进行定性阐述，设立产城融合评价指标体系及模型，评价产城融合驱动能力与状态水平，并对产城融合机制与效应构建模型进行量化分析。通过对不同等级城市进行截面和面板数据的产城融合驱动与状态实证分析，得出不同规模城市产城融合发展过程中的共同特征及差异性，并在此基础上进行机制与效应的实证分析。本书通过以上分析方法在具体研究中的运用，力求以客观、科学的研究态度合理地分析并解决问题。

本书的主要读者对象为以学术研究为主的高校师生与其他科研人员，以及服务地方经济的政府工作人员。本书通过差异性视角探究产城融合的作用机制与效应影响，形成系统解决产城失衡的差异性方案，为不同区域的产城融合发展提供政策依据；同时，随着经济的发展与人口素质的提高，此书在一定程度上也会满足社会进步的需要，对社会和个人的未来发展具有一定的参考价值。

目　　录

第一章　导论

城市既是产业发展的载体，也是人类文明传播的路径，城市经济的发展对于一个地区或国家的整体经济实力有着重要意义。城市的可持续发展离不开产业的优化与升级，这也是城市经济发展到一定阶段所面临的共同问题，只有通过产业发展与城市功能的良性互动，才能更好地提升城市竞争力，推动城市经济的健康发展。

第一节　研究背景与研究意义

一　研究背景

改革开放以来，中国经济发展方式发生了巨大的转变，城市化程度也在不断提高，2017 年城镇化率为 58.52%，比 1978 年增加了 41.12 个百分点。中国在城市建设方面取得卓越成就的同时，也产生了一些亟待解决的问题，其中，高速城镇化进程中出现的产业发展与城市功能的分离现象尤为突出，在全面深化改革的关键进程里，妥善解决这一问题成为经济发展稳中求进的当务之急。2014 年 3 月出台的《国家新型城镇化规划（2014—2020 年）》提出在新型城镇建设与发展中将进一步推进"产城融合"。[①]

城市化进程中出现的"鬼城""睡城"等现象成为产城融合提出的

---

① 2014 年 3 月中华人民共和国国家发展与改革委员会颁布的《国家新型城镇化规划（2014—2020 年）》提出必须高度重视"产城融合"。

直接动因。作为缓解"城市病"并承接大城市的辐射带动作用而建成的新型卫星城或者新型产业园区，因为缺乏前瞻规划及后期公共服务与配套设施的建设，走入功能单一的生产型误区，无法有效承担大城市的依托带动功能，呈现出缺乏产业与人口支持的发展"瓶颈"，导致一些新区或新城要么人口稀少缺乏发展动力，要么人口只在晚间集中回流难以形成"生产—生活"的良性循环。形成的这类问题在新型城市建设中屡见不鲜，导致前期投入的大量资源因为城市与产业的不融合而被迫闲置，资源配置呈现出低效而无序的形式，继而使城市的发展难以为继、举步维艰，这就需要在规划初期充分考虑到产城融合的必要性及可行性。

产城融合的提出虽然和新城建设密不可分，但是在城市化进程中，产业发展与城市功能不适配的问题在不同类型城市中普遍存在。改革发展初期对于大城市的建设热情使大城市飞速膨胀，盲目追求规模效益导致各种"城市病"的出现，急需在产业发展与城市建设中做出相应调整。例如，大城市污染问题严重，大气污染、水体污染、噪声污染等既危害人体健康，又破坏生态环境。为了避免走"先污染，后治理"的老路，也应积极倡导产业结构转型，激发新的增长潜力、引导新的发展方向，走向知识密集型、服务功能型和生态节约型的新型多功能城市，实现生态与经济的平衡发展。

中国资源型城市目前也面临着如下问题：城市经济增长缓慢、资源趋于枯竭、下岗失业人员数量较多、城市原有优势区位丧失、生态环境破坏严重和基础设施不完善等。究其原因，主要还是产业层次单一、招商引资的方式与途径不够多样，这些问题不仅制约着经济的发展，更影响民生福祉。因此，推动产城融合势在必行，应加快对传统产业的升级改造，大力发展具有战略意义的新兴产业。

另外，由于产业发展中存在的规划不尽科学、布局不尽合理等问题，中国小城镇建设普遍存在产业结构雷同、产业效率低下、产业特色不明显、产业主导性不突出、产业竞争力弱等现象，与之产生的相应社会问题影响着产业与城市协调发展的步伐。上述问题都反映出推动产城融合的重要性，只有"产业是城市发展基础，城市是产业发展的空间载体，城市化与产业化要有相对应的匹配度"①，才能通过城市发展提升区域乃至国家整体经济实力。

一个具有长远生命力的发展区域需要产业发展与城市功能的有机结合，产业发展与城市功能的分离与脱节不仅使城市资源配置趋于低效，更有甚者将使产业区无法持续发展，丧失区域活力与创新力。产城脱节阻碍城市本身的发展与提升，并造成负面的社会效应，带来诸多不健康因素。由此观之，解决城市发展问题首先要解决的是产业发展问题，是立足于城市发展下的产业发展问题，是在明确城市定位、确定城市能级的条件下发展特色经济、培育主导产业、增强可持续发展能力、充分发挥各地区的比较优势，这是全面提升城市的综合竞争力，适应新型城市化转型发展的内在趋势要求。

2015 年 9 月，国家发改委出台了《关于产城融合示范区建设管理的指导意见》（发改办地区〔2015〕2778 号），提出了产城融合示范区建设的相关要求与发展重点；2016 年 10 月，国家发改委印发了《关于支持各地开展产城融合示范区建设的通知》（发改办地区〔2016〕2076 号），提出了 58 个产城融合示范区建设的发展目标与主要任务，要求各地在示范区建设中合理控制开发、积极创新、落实责任。②

产城融合在实践中的推进对理论上的探讨与发展也提出了新要求。从本质上来看，产城融合既是基于城市空间经济理论对产业与城市之间关系的客观认识，也是对城市发展趋势的一种审视和把握（李学杰，2012）。产城融合绝非简单的功能加和，而是在密不可分、相互渗透的基础上产生"1 + 1 > 2"的效果，是城市与产业互动关系的概括和体现。产城融合是一定区域内产业发展和城市功能协同演进、相辅相成、良性互动的一种科学发展格局或发展状态（王霞等，2013）。产城融合是在城市承载下的产业发展，产业结构及空间布局符合城市发展的基本定位，依靠产业驱动城市更新和完善服务配套，形成城市功能优化与产业发展互促的动态过程。在此动态过程中，寻找适宜城市的产业、形成

---

① 杨立勋、姜增明：《产业结构与城镇化匹配协调及其效率分析》，《经济问题探索》2013 年第 10 期。

② 资料来源：http://dqs.ndrc.gov.cn/qygh/201610/t20161031_824867.html。

平衡点是获得突破性发展的必要条件。就像性喜温凉的苹果在暖温带地区长势旺盛，然而被栽培在水热充足的亚热带地区却不会获得好的收成，一个城市也必须选择与之协调和适应的产业类型发展。产业是城市发展的重要组成部分，是城市发展的决定性因素，城市是产业发展的空间载体，是产业转换升级的作用客体。城市与产业相互促进、协调发展，如果城市失去产业支撑，即便包装再精美，也只能是徒有其表的空城一座；产业如果没有城市依托，即便技术再尖端，也只能是徒劳无功的马达空转。

因此，要促进中国城市的持续、健康发展，就不能脱离产业寻求发展，要注重城市和产业的相互融合，毕竟，产业是城市发展的客观基础，城市与产业之间存在紧密的内在联系。任何城市的发展都不能脱离产业的支撑，城市作为产业发展的空间载体与产业发展息息相关，深入研究产城融合的影响因素、作用机制与效应等内容并将其作用于区域经济发展中，把产业选择和优化升级与提升城市发展质量结合起来，促使城市和产业的良性互动发展，是现实问题提出的新挑战和新课题。

二 研究意义

近年来，由于实践中出现的问题，产城融合逐渐成为广为关注的议题，但是对于产城融合的研究还属于探索阶段，在城市与产业的相关理论上多年来主要集中在城市化、工业化及相互关系研究上，对于除此之外的产城融合研究还十分有限，本书将在对产城融合的研究成果及实践经验进行系统分析的基础上，从产城融合的概念内涵、影响因素、机制、效应及评价等方面进行阐述论证，通过对产城融合文献综述的梳理与分析，形成城市与产业协同发展、互动共进、良性循环的理论体系，同时在陕西产城融合测度的基础上分析产城融合的机制与效应影响，并提出具体的政策建议，为地方经济建设与发展提供参考和借鉴的理论与现实意义。

从理论发展的角度看，研究产城融合是对城市发展理论与产业发展理论的进一步完善。城市发展理论中对于城市化的进程通常认为，城市化早期主要表现为数量的扩张，后期主要表现为质量的提高。而在城市化理论发展的长河里，学者们主要是从城市化和工业化及相互关系为研究对象进行了大量的研究，以确定城市化阶段和城市化发展速度，而对于城市化中城市与产业选择、结构优化、互动关系及自我完善等研究则相当匮乏，随着城市化进程的深入，产城融合的研究会引起更多学者的关注。

城市发展理论中的城市增长极核理论是指，围绕具有推进性的主导工业部门而组织的高度联合的一组产业，通过自身的高度活力迅速增长，并且通过乘数效应推动其他部门的增长。法国经济学家佩鲁的增长极理论（1958）一经诞生就为各国经济增长与发展提供了积极因素和生长点，但是因为各国现实经济的相对性和变异性，增长极理论认为的经济发展主要依靠条件较好的少数地区和少数产业作为增长极带动的思路还需发展与完善，对于城市经济发展不仅需要从产业经济空间上进行研究，还需要从城市内在的增长和发展过程上对产业融合进行考察。

产业发展理论包括产业发展规律与周期、产业影响因素与产业转换升级、产业资源配置与发展政策等问题，在经历了产业结构演变理论、产业分工与布局理论和产业发展阶段理论后，尚缺乏对当代产业结构演进、产业分工选择和产业多样性的新趋势补充。鉴于此，建立起较为系统的产城融合理论研究框架，同时以相应的实证分析作为支撑，是具有重要的理论意义的。

从现实的角度看，研究产城融合对社会发展具有广泛的现实意义。改革开放以来，中国城市化和工业化进程保持了稳定、快速的发展态势。但与此同时，城市化和工业化进程中也给城市发展和产业推进带来诸多矛盾与问题，如人民日益提高的生活水平和资源要素浪费与稀缺的矛盾，城市扩张与生态环境遭到破坏的矛盾，城市农民利益缺乏保障导致用工荒的问题，产业层级低与技术自主创新能力弱等，当前产城融合已经成为亟待研究的难题，而现有研究成果又较少对这一问题进行系统的探讨，因此，对产城融合的深入研究将有利于城市与产业的共生、互惠，有利于城市空间利用和产业集聚，有利于规避盲目城市化带来的空城现象，有利于增加就业，有利于构建城市产业绿色生态体系，有利于增强城市和产业的自组织能力，有利于有序推进城市化，保证城市与产业的可持续性发展。

综上所述，无论是从城市与产业的理论角度讲，还是从解决我国城市与产业发展中存在的具体问题角度讲，系统地探讨产城融合问题都具有重要意义，对产城融合进行的理论与实践研究不仅是理论发展的需要，同样也是实践推动的必然。

第二节　研究思路与研究方法

一　研究思路

本书在梳理已有关于城市与产业的研究成果的基础上，构建了产城融合的基础理论框架。对产城融合的内涵特征进行再解读、理论基础进行探析，提出产城融合的影响因素。在此基础上，根据产城融合所包含的基本内涵及影响因素构建科学合理的产城融合指标体系与测度模型，并根据指标体系与模型进行产城融合驱动与状态的实证测度；构建产城融合机制与效应的理论分析框架，并在理论分析及定量测度基础上进行产城融合发展状况的实证分析，探讨产城融合的驱动与交互作用及内外效应，最后在分析基础上提出产城融合发展重点与政策建议及扩展政策含义（见图1–1）。

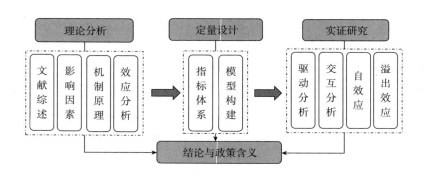

图1–1　研究思路

二　研究方法

本书以经济学理论和科学发展观为指导对产城融合的测度、机制及效应进行深入研究，采用的方法主要为：

第一，文献查阅与数据收集法。科学研究离不开文献查阅，本书根据分析目标确定文献资料检索与查阅的要求与范围，选定文献资料查阅工具，大量收集国内外资料，同时也通过统计数据网站和调研得到撰写本书的相关数据资料，让本书有翔实可靠的经验论据。

第二，定性描述与归纳推演法。本书在研究过程中，注重概念的定性描述和文献梳理，通过理论与现实基础归纳推演出产城融合的影响因素，对产城融合的机制与效应进行定性阐述。

第三，定量分析法。通过统计定量分析方法，对产城融合程度进行定量研究，设立产城融合评价指标体系及模型，评价产城融合驱动能力与状态水平，并对产城融合机制与效应构建模型进行量化分析。

第四，实证分析法。通过对全国地级及以上城市和陕西省县级及以上城市进行产城融合驱动与状态的实证分析，得出不同规模城市产城融合发展过程中的共同特征及差异性，并在此基础上进行机制与效应的实证分析。

第五，比较分析法。比较分析的方法是确定事物之间共同点和差异点的逻辑分析方法，是经济学中常用的一种研究方法。本书在对各级城市产城融合驱动与状态测度的基础上运用比较分析的方法对不同规模城市产城融合的变动趋势进行分析，并对不同城市规模提出产城融合的发展策略。

本书通过以上分析方法在具体研究中的运用，力求以客观、科学的研究态度合理地分析并解决问题。

第三节 创新点与研究内容

一 创新点

同现有产城融合研究的相关文献相比，本书的创新之处主要有以下三点：

第一，首先从城市与产业的自身与联动角度提出了产城融合的影响因素。认为产城融合的影响因素既包括产业发展中的产业要素、产业结构、产业布局、产业组织与产业集聚，还包括城市功能中的经济、生活与承载等因素，更包括连接二者的联动因素及不确定性因素等。目前对于产城融合的研究多是实践性的经验总结，还没有形成较为完整的理论体系，现有理论研究多是对产城融合概念进行定义和内涵解释，而对影响因素的分析较少，具体内容还因为侧重点不同而多有差异，本书在现实与理论的基础上提出作为机制与效应分析主线的产城融合的影响因素。

第二，基于影响因素提出产城融合动力与交互机制。分别从产业发展、城市功能及联动因素等因素进行动力机制分析，提出推动产城融合的各因素边际贡献动力；同时，进一步分析产城融合与各因素之间的相互影响作用，并根据各级城市的测度数据通过多元线性回归及向量自回归（VAR）模型进行产城融合的驱动与交互作用分析。

第三，提出产城融合内外效应，认为产城融合存在对内自我强化效应与对外溢出效应。揭示产城融合的自我强化效应（自效应）主要通过选择效应与福利效应对城市与产业本身发生影响，产城融合的溢出效应主要通过辐射效应与累积效应对城市周围地区或其他地区带来外部性效应。运用面板数据通过多元回归与空间杜宾模型（SDM）实证分析，进一步得出无论自效应还是溢出效应都会影响产业升级发展与城市功能调整，推动城市区域经济的可持续发展。

二　研究内容与结构框架

本书共分为九章内容。第一章为导论，阐述了本书的研究背景与研究意义，提出了本书的研究思路、研究方法、创新点及内容框架；第二章为理论基础与文献述评，针对国内外产城融合的理论研究进行综述与评价；第三章为产城融合的影响因素，从产业与城市自身及联动角度提出影响产城融合发展的具体因素；第四章为产城融合的测度，在产城融合内涵、影响因素的基础上构建产城融合驱动与状态指标体系；第五章为产城融合的差异性分析；第六章为产城融合的机制分析，在条件假设与理论基础上研究产城融合发展的动力与交互机制，并构建模型进行驱动与交互作用实证分析；第七章为产城融合的效应分析，提出产城融合内外效应产生的路径，并对产城融合的内外效应进行实证分析；第八章为产城融合发展重点与政策建议，提出差别化产城融合发展的重点内容与政策建议，并提出具有普遍意义的扩展政策含义；第九章为本书的结论与扩展，提出结论及需要进一步研究的问题。本书的内容结构框架见图 1 - 2。

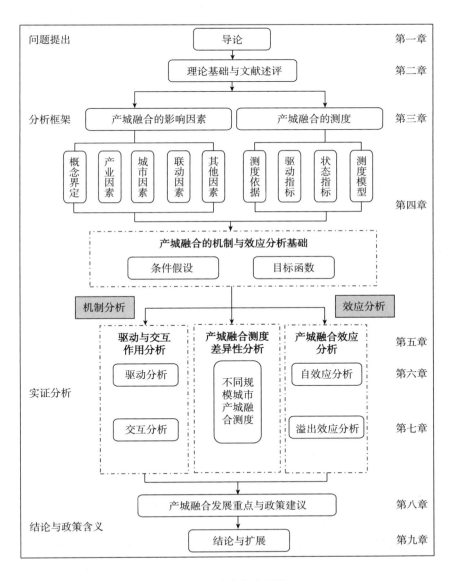

图 1 - 2　本书框架结构

第二章　理论基础与文献述评

产业与城市融合发展的实现，除在实践中的诸多现象及问题中提炼经验规律与探寻创新方法之外，相关理论基础的作用也至关重要，产城融合的影响因素与作用机制更需要理论基础的支持，对传统相关理论的追溯是研究产城融合的关键之所在；同时，对相关文献的回顾也是研究产城融合的必要步骤，本章从理论基础出发，针对产城融合的内涵回顾、经验行为、存在问题及定量测度等不同角度进行国内外理论与文献的综述与评价。

第一节　理论基础

产城融合这一概念是国内学者的提法，国外学者对于产业与城市的融合发展研究主要体现在城市化、工业化、自组织及可持续发展等相关理论基础上。

一　城市化理论

城市化进程是城市、人口、土地等动态发展的演化过程，城市化理论也是一个不断完善的动态提炼过程，城市化理论主要包括城市人口迁移理论、城市区位空间理论、城市生态理论及城市化规律理论等内容。

（一）人口迁移理论

从古埃及的孟菲斯城到中国的殷墟商城，城市的兴起是人口集聚与生产力发展及社会分工的结果。早期的城市更多地分布在河流、盆地等具有自然优势的区域，如西周都城丰镐就建在沣河东西沿岸，河流沿岸多为地势平坦的冲积平原，有利于提供便利的水运条件，早期的城市呈现出更多自然经济条件下的人口集聚。随着城市与产业的发展，人口更趋向于有利于加工和贸易的便利之地聚集，同时对劳动效率和科学技术有更深层的需要，城市成为机器大工业生产和商业贸易的中心，人口和资本不断向城市集中，逐渐形成以机器大生产为标志的现代产业结构特点，呈现出工业经济时代下城市和产业的快速发展与渗透（奥沙利文，2008）。

城市与产业的发展都离不开人口的迁移变化，人口迁移理论研究人口迁移的原因及迁移方向，早期可以追溯到拉文斯坦（Ravenstein，1889）的"人口迁移法则"，该理论给出人口迁移行为发生的根本原因是推拉综合作用的结果，即迁出地的推力作用与迁入地的拉力作用共同发生合力的结果。推力是迫使人口迁出的社会、经济与自然的压力，拉力是吸引其他地区人口迁入的社会、经济与自然的引力。提出"人口迁移转变假说"的泽林斯基（Zelinsky，1973）认为，人口迁移和流动不仅与社会经济发展条件有关，而且也与人口出生率与死亡率的转变有着密切的关联，通过"出生率—死亡率—增长率"的模式将社会发展划分为不同阶段，每一阶段的人口迁移都具有不同特征与规律。法国经济学家富拉斯蒂埃（Fourastie，1978）认为，在产业分布结构中劳动力转移的主要原因是技术进步，进一步从理论上进行了补充与论证。托达罗（Todaro，1970）认为，人口由农村向城市的迁移不仅取决于城乡实际收入的差异，同时还取决于在城市就业基础上的城乡预期收入差异，是有预期的理性行为。

通过对人口迁移理论的梳理，可以看出人口迁移理论较好地解释了城市与产业的产生与发展。人口的变动与集中为城市的出现与发展提供了可能，产业的发展为城市奠定了物质基础，由于人口在不同区域间变动使城市在生产、消费及公共服务方面不断改善，进而提高城市居民的生活质量，进一步推动产业与城市的融合。

（二）城市区位空间理论

较早探讨城市区位空间结构的是杜能（1826），提出杜能圈层结构描述城市周围的土地利用方式，其后，城市经济学或地理学领域的学者对于城市区位空间结构进行了更深入的研究。伯吉斯（Burgess，1925）

根据美国 1920 年芝加哥市发展状态提出同心圆模式，城市以市中心呈圆形向外发展，中心区位 CBD，依次为过渡区、工人住宅区、高档住宅区及通勤区五个环带（见图 2 - 1）。同心圆随着要素侵入与接替过程呈不断扩大的趋势（踪家峰，2016）。

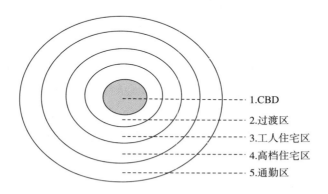

图 2 - 1　同心圆模式

资料来源：参考踪家峰编著的《城市与区域经济学》第 183—184 页绘制而成，下同。

霍伊特（Hoyt，1939）自 1934 年起收集了美国 64 个中心城市资料提出了扇形模式，城市中心与同心圆模式相同，即为 CBD，但城市是扇形发展而不是同心圆发展的，主要沿着街道、交通干线或自然景观发展，这与实践中沿铁路、沿江海河发展的城市更接近些（见图 2 - 2）。

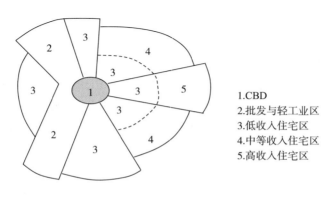

图 2 - 2　扇形模式

麦肯齐（Mckerzie，1933）、哈里斯和马尔曼（Harris and Ullman，1945）提出与发展了多核心模式，认为城市土地利用的过程中并不仅仅形成一个 CBD，而会出现多个 CBD，并且以其中一个主要商业区为城市主要核心区，其余为次核心区（见图 2－3）。

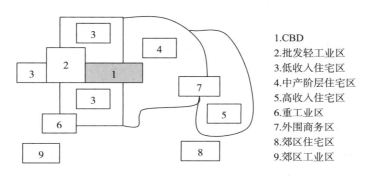

图 2－3　多核心模式

以德国经济学家克里斯塔勒（Christaller，1933）和勒施（Schler，1939）为代表的城市区位理论认为，城市是在社会生产的各种资源要素基础上形成产品的过程中，以空间上的集聚为特征而呈现出的社会经济系统，城市的集聚性相互作用创造出大于分散社会的经济效益，形成城市化的动力源泉，并由此确定城市的分布状态与形式。克里斯塔勒的中心地理论可以用来反映一定区域内城市等级与空间分布的特征，区域根据各中心地提供的货物和服务不同档次来构成各城市之间的一个有规则的层次关系。勒施认为，城市是非农企业在权衡运输成本和生产成本后的区位点状集聚，大规模工业企业的快速发展，就会建立起较大的生产综合体，进而扩大到组成整个城市。

由瑞典经济学家俄林（Ohlin，1931）提出均衡空间理论认为，贸易与资源自由流动会带来区域之间要素价格与商品价格的均等化，随着贸易与分工的发展，区域之间的差异将逐渐消失。空间非均衡增长论则主要包括增长极理论、循环累积理论、"非均衡增长"理论及中心—边缘理论等（潘孝军，2006）。法国经济学家佩鲁（F. Perroux）于 1955 年提出增长极理论，认为在区域或者城市中由于有创新能力的主导部门而形成的企业聚集会成为经济活动的中心，进而可以形成"增长极"，具有集聚或辐射的作用，既促进自身经济的发展，又能推动其他地区的经济增长。循环累积论是缪尔达尔（Myrdal）于1957年提出的，认为某些地区因为外部突发因素而获得一定发展机遇，通过扩散效应与极化效应出现经济发展不平衡，进而这种不平衡会导致循环累积的因果发展，出现在快速发展的地区更快，而慢速发展地区则更慢的现象。1958年经济学家赫希曼（Hirschman）提出"非均衡增长"理论，认为因为要素资源的稀缺性和独特性，平衡增长战略不可行，而是强调在经济发展初期应把有限的资源运用于最有生产潜力的产业中，通过对潜力产业的优先发展带动其他各产业的发展，推动经济进一步发展进入更高级的阶段，为实施空间区域平衡与协调发展政策提供经济基础保障。20世纪60年代，美国城市规划学家弗里德曼（Friedmann）根据佩鲁的增长极理论融合各种空间系统发展提出中心—边缘理论，认为经济活动的空间组织中心区和边缘区相互依存，中心区自身经济的不断强化导致其具有强烈的极化效应与扩散效应，其他边缘地区相对弱化或走向衰退。

（三）城市生态理论

城市生态理论可以追溯到1898年由英国社会活动家霍华德（Howard）提出的田园城市论，霍华德设想的田园城市为城市的周围是农业用地，城市规模有一定的限制，城市居民可以就近获得周围农地的新鲜农产品供应，而且还能够非常便捷地接触到乡村气息的自然空间，对城市与乡村的布局结构、人口密度及绿化区域等城市规划问题有比较完整的思想体系，为城市生态理论的进一步发展奠定了基础。以帕克（Parker，1916）为代表的美国芝加哥大学学者提出古典人类生态理论，在分析城市土地利用模式及对城市环境进行调查研究的基础上，认为城市土地价值的变化与生物对空间的竞争相类似，由此形成同心圆或扇形等分布形态。美国建筑学家沙里宁（E. Saarinen）于1942年提出的有机疏散论，认为城市结构既要符合人类集聚居住的天性，又不能脱离自然，强调城市是一个有机体，城市结构实际上是与生物有机体内部秩序相一致的，有集中与分散的布置。

（四）城市化规律理论

城市化速度发展规律由美国城市地理学家诺瑟姆（Ray

M. Northam）于 1979 年在《城市地理》一书中将其概括为一条稍被拉平的"S"形曲线，形象地反映出城市化进程所经历的运动轨迹。1988年霍利斯·钱纳里（Hollis Chenery）基于对城市化与工业化水平的相关性测度与研究，而后提出城市化与工业化的基本运动规律，认为随着社会经济的发展，工业化与城市化具有显著相关性，工业化的发展将导致产业结构的优化，进而提高城市化程度，二者关系密切。在城市化理论的成长岁月里，城市化与工业化的变动规律理论对于进一步研究城市的产业选择、结构优化及产城互动关系有着重要意义。

二　工业化理论

工业化通常是工业产出及就业人数占国民收入和国内就业比重持续增长的过程，是传统农业社会向现代工业社会转变的过程。工业化理论主要包括工业化一般性理论、工业化阶段理论、工业化动因理论、工业化与经济增长理论等内容。

（一）工业化一般性理论

英国的配第（William Petty，1672）在《政治算术》中指出工业生产得到的收入比农业生产的收入多，而商业获得的收入又比工业的收入多，即工业比农业的附加值高，而商业又比工业的附加值高。19 世纪中叶，德国的李斯特对工业发展与工业化问题进行了系统的探讨，认为工业化事关国家兴衰和经济社会发展成功与否。在吸收、继承配第观点的基础上，英国克拉克（Clark，1940）经过研究认为，随着社会经济的发展，即随着人均国民收入水平的逐渐提高，劳动力会由第一产业向第二产业转移，当人均国民收入水平继续提高时，劳动力便会向第三产业转移。在此基础上，美国经济学家库兹涅茨（Kuznets，1966）通过统计资料分析证明了配第—克拉克定理，得出了"库兹涅茨法则"，认为农业部门的国民收入占整个国民收入比重与农业就业占全部就业比重均处于不断下降中，工业部门的国民收入占整个国民收入比重大体上是上升的。但是，工业部门就业占全部就业比重则大体不变或略有上升，服务部门就业占全部就业比重基本上都是上升的，而其国民收入占整个国民收入比重则大体不变或略有上升（宋小芬，2008）。

（二）工业化阶段理论

德国经济学家霍夫曼（Hoffman，1931）在《工业化的阶段和类型》一书中提出划分工业化阶段的标准，使用消费资料产业与资本资料产业计算出霍夫曼比例，并据此划分工业化的阶段进程。在工业化的发展过程中，霍夫曼比例呈现逐渐下降的趋势，在工业化的初级阶段，生产消费资料的产业占主导地位，生产资本资料的产业不发达，因而霍夫曼比例高达 5（±1），而在最后的阶段，资本资料产业已经超过消费资料产业的规模，霍夫曼比例将降到 1 以下。钱纳里（Chenery，1986）对 100 多个国家的 1950—1970 年有关数据进行分析进一步完善了工业化发展阶段的划分，将经济发展根据人均收入分为准工业化阶段：具体为初级产品生产阶段；工业化实现阶段：具体包括工业化的初级阶段、工业化的中级阶段以及工业化的高级阶段；后工业化阶段：具体包括发达经济之初级阶段与发达经济之高级阶段，总共三个大阶段与六个小阶段。

（三）工业化动因理论

关于工业化的动因，克拉克提出相对国民收入说，认为由于农业的生产周期较工业而言更长，同时由于农业生产技术的进步对比工业要更加困难，因此农业的生产更容易受到边际报酬递减的约束，而工业生产在技术上较为容易取得突破，随着工业生产的投资加大与产量的逐渐增加，工业产品的单位成本下降速度非常快，进而会出现边际报酬递增，导致工业的相对国民收入要比农业部门高，而要素资源的趋利性会促使劳动力不断地从第一产业向第二产业转移。

在刘易斯二元经济理论模型基础上，经过费景汉与拉尼斯等的补充与修订形成的理论模型认为，发展中国家通常存在二元经济结构，即以传统方式生产为主的低效率农业部门和以现代化方法生产为主的高效率城市工业部门，农业部门存在大量过剩劳动力，由于城市中的工业部门劳动效率与报酬水平远高于农业部门，因此，农业部门的剩余劳动力会向工业部门转移，从而逐渐发展壮大工业部门，农业部门的生产率也因为劳动力的减少而不断提高，最终两个部门的劳动生产率渐渐趋于相等，形成城乡一体化过程。

罗斯托（Rostow，1962）的主导部门理论认为，不同产业部门在不同的发展阶段其外部性效应是具有明显差别的，当一项新技术被发明并且应用到某项生产中去，由于新技术的特效会使劳动生产率得以快速提高，使生产出的产品具有显著竞争优势，从而生产企业的收益率得以极大提高，促使采用这一项新技术的企业会逐渐增多，于是出现以新技术作为突破的产业部门迅速发展的趋势，在新一阶段成为优势部门，进而在经济社会发展中处于相对主导地位，优势地位在产业部门之间不断交替更迭，通过提升产业结构层级，推动工业化发展进程。

（四）工业化与经济增长理论

工业化过程对应着经济增长的过程，库兹涅茨认为，工业化与经济增长呈正相关关系，随着人均收入增加，制造业产值所占比重不断扩大。在微观层面，企业的增长机理也可以作为解释经济增长与工业化的微观基础，哈罗德—多马模型是衡量企业的投入与产出关系的著名模型，在此模型基础上，后来的经济学家提出了包含更多生产要素的生产函数方程式：$Y = f(K，L，R，A)$，这样产出的决定因素就扩展到除了资本 K 外，还包括劳动力 L、资源 R 及生产效率 A。可见，工业增长的贡献要素，除了资本这一变量的增长外，还包括劳动力资源和人力资本的增长、可获得资源的便捷与低成本以及引起劳动生产率提高的技术进步等。

美国经济学家迈克尔·波特（Michael E. Porter，1990）对美、英等十几个国家的具有国际竞争力的产业进行研究，提出了产业集群概念，即与某产业领域相关的具有密切联系的企业以及其他相关组织机构形成的有机整体，认为集群作为实现企业间有效协作的特殊组织形式是推动区域经济发展的必然选择，区域的发展很大程度上依赖于产业集群的形成与发展，产业集群的规模、效率、整合能力及新陈代谢能力推动区域经济的发展，产业集群所形成的集聚性、外部性也是构成区域竞争力的重要内容之一，产业集群既是工业化的内生产物，也是区域经济增长的内动力。

三 自组织理论

自组织理论是通过研究自然系统中的无序状态与有序状态之间的转化而发展出来的理论，是指由低级的无序状态逐渐向高级的有序状态演变的过程。自组织理论包括普里戈金（Prigogine，1969）等创立的耗散结构理论、哈肯（Haken，1976）等创立的"协同学"理论以及艾根（Eigen，1977）等创立的"超循环"等理论组合，这些理论是针对非平衡态的、非线性的复杂系统为研究对象，提出系统在演化过程中，如果没有外界的特定干预，也会由于时间、空间或功能上的联合行动使系统内部各组成成员协调动作，最终出现有序的结构。

城市自组织理论是指用自组织理论来探析城市的发展过程及解释城市发展中不断出现的复杂现象。是将城市作为一个动态系统考虑，由产业、人口、资源环境为主要的组成成员，城市发展既是各成员相互协同作用的结果，又是一个有序状态的逐步实现过程，同时还是产业与人口、资源环境融合的过程，城市发展具备这种自组织的能力，才能在城市建设与发展中有新的突破。"城市系统中的物质、能量流、信息流、人口流、资金流等相互作用、相互影响、相互制约，逐步培育起城市的自组织、自学习、自适应能力。"① 城市自组织理论包括城市规模自组织、城市结构自组织、城市类型自组织等理论。

亨德森和贝克（Henderson and Becker，2000）根据外部性原理解释城市经济问题，认为城市人口集聚源于规模经济与外部效应，提出了城市规模形成的自组织模型理论，认为现实中存在的不同规模城市，是因为不同产业的外部经济程度不同，而外部不经济的程度不仅与具体的产业有关，更取决于城市规模，消费者和企业主在市场机制作用下自组织聚集形成不同规模的城市，城市规模达到有效、适度规模是在外部经济与不经济冲突中的两难选择。

克鲁格曼（Krugman，1996）的城市结构自组织模型假设一个环状的经济体中只有两个生产部门，即完全竞争的农业与垄断竞争的制造业，选择 12 个区位根据多个均衡方程对所组成的环状经济系统进行模拟演化分析，结果表明经过一段时间的演化后，12 个区位分布基本平均的制造业自组织地演化成只有两个区位具有制造业的情况，制造业集聚效应较为明显，在反复运行模型的基础上，又得到四个等距离的商业区，所有的商业活动最终只集中在几个有限区位上，可见，抽象城市的

---

① 程开明：《城市自组织理论与模型研究新进展》，《经济地理》2009 年第 4 期。

出现也经历了一个自组织过程，城市的出现表现出了一种完全有序的结构自组织性。

波图戈里（Portugali，1999）在所著《自组织与城市》一书中对城市系统自组织特征进行研究，提出了自组织城市类型，根据自组织是一个不依赖于外部条件的现象，且自发地组织内部结构的开放复杂系统基本属性，在非线性、不稳定、分形结构和混沌等特征下，将自组织理论运用于城市范畴，提出了自组织特征下的不同种城市类型，即耗散结构城市、协同城市、混沌城市等类型，并分析不同自组织城市类型演化的自组织作用机制，反映出城市系统依靠自身聚集与辐射能力的不断增强，自发由低层、无序、单一，逐渐向高层、有序、复合演变的城市功能转化。

四 可持续发展理论

20世纪五六十年代，在工业化的快速推动下，人类创造了丰富的物质财富，然而，在这财富的背后，却存在诸如环境污染、生态破坏、人口剧增、资源短缺等严重问题。面对这些日益增长的问题，在重新审视工业化发展道路及经济增长方式基础上，1980年3月在联合国环境规划署、世界自然保护基金会及国际自然保护联盟三者共同发布的《世界自然保护大纲》中首次正式地使用可持续发展概念。[①] 随后各国学者积极讨论探究，建立与发展一种不同于传统工业化发展方式的可持续发展理论，推动经济社会由过去粗放型、资源型经济发展到集约型、技术型经济发展转变，由单纯追求经济增长不顾及生态环境保护逐渐转变为综合考虑社会经济与资源环境的全面协调发展。可持续发展理论主要涉及可持续发展基础理论、可持续发展目标理论、可持续发展规律理论等内容。

可持续发展从其理论框架上说，主要是以生态经济学、环境经济学、环境科学及系统科学等为其理论基础，Redelift（1991）从生态学角度说明经济发展与生态之间的平衡，认为不恰当的经济行为会直接导致环境污染致使生态物种的减少，而在环境质量下降与生态物种减少时

---

① 范柏乃等：《可持续发展理论综述》，《浙江社会科学》1998年第3期。

生产与经济系统的延展性与恢复性都很低，长此以往，无论是经济系统还是生态系统都难以保持可持续性发展。环境经济学把经济理论引入环境问题研究，从资源的稀缺角度出发，以边际、均衡等分析方法研究解决资源的充分利用。经济系统对于环境的适应能力是在可持续发展的动态过程中逐渐完成的，可持续发展是推动经济系统逐步趋向稳定方面的现实系列的步骤。由于可持续发展本身复杂性使可持续发展的理论基础越来越显示出学科综合性与交叉性的特点，环境科学、系统科学以及更多学科都对可持续发展经济学理论的建立与发展具有重要作用。

Daly（1991）认为，可持续发展的目标是发展与保证人类的生存，并提出在测评可持续发展政策目标中所达到的若干标准，用以作为可持续发展研究的相对简洁指标框架，即经济活动对于环境的影响程度要低于对于环境的承载能力，对于可再生性资源的利用程度要小于其再生的速度，对于不可再生资源的利用程度不能超过被其他形式资源替代的速度，人类在经济生活中产生的废物不能大于自然界的吸收能力等。Barbier（1989）与 Costanza（1991）等对可持续发展的终极目标也是保证人类更好地生存与发展。

Shafik 与 Grossman（1995）等发现，经济发展与资源利用、环境污染的关系很可能是从初始互竞互斥逐渐走向互适互补，即在经济增长与产业结构调整的初始阶段，资源耗用与环境污染问题呈现出逐步加剧的特征，但是在技术结构演进的过程中，然后随着经济发展再逐渐减少，呈现出倒"U"形的曲线关系，即所谓的"环境的库兹涅茨曲线（EKC）"。目前，对比于发展中国家的污染上升与发达国家的环境污染趋于下降，新兴工业化国家的环境污染处于转折阶段，这些现实在一定程度上支持了倒"U"形曲线关系的假定（许光清，2006）。

第二节　产城融合基本内涵回顾

产城融合是近年来国内学者的提法，源于对城市化发展中出现的实际问题之探讨，最初对于产城融合的内涵理解为新城建设中城市与产业的双向"平衡"，产业活了，城市的内在活力也就激发起来了，城市形态也就有了"魂"；反过来一样，城市功能的完善、质量的提高也会为产业发展提供条件，增强城市竞争力，二者平衡发展充分体现集就业、居住和休闲于一身的相对独立的新城建设的产城融合之本义，即产城融合主要服务于集居住区、工业区和商贸区于一体的新城建设，以产业区建设来促进新城发展。而新城的建立，往往是通过产业先行，引入新城的产业发展状况成为吸引人口就业与居住的一大因素，所以新城内部的产业规划也是促进产城融合的主要方面（张道刚，2011；陈云，2011）。这些内涵解释都将目标确定在通过新城的产业区建设推动新城发展，虽然定位明确，但因为只涉及新城建设，未免有狭义之嫌。另有一些文献从新城和老城的产城互促角度提出产城融合发展过程的实质就是通过中心化以服务业和制造业集聚的老城；同时，在外围形成功能互促且产城互动的和谐发展城市。产城融合的"产"不仅是指产业的概念，也是指产业聚集区概念；不仅突出强调产业的竞争力和社会的服务功能，也突出强调产业本身与老城及城市新区的有机融合和它的辐射带动作用（周海波，2013；刘荣增、王淑华，2013）。

对于产城融合的内涵国内还有一些共同认识是，一种协调与可持续发展的理念就是产城融合的本质，认为产城融合可以从产业化与城市化协调发展的角度来进行，通过二者的互动协调发展，提升新城或园区的产城融合程度，体现为设施整合、功能整合以及必要的体制整合等。它的内涵包括有机协调的城市功能、相互联系的基本单元、有序流动的生产要素，功能主要体现在其将生态环境作为依托、现代产业体系作为动力、生产性与生活性融合作为功能关系的多元复合性的方面。通过产业转型升级提升产城融合水平，促进城市功能与产业发展同步提升；通过合理引导与突出重点，促进城市与产业特色有机结合，推动产业与城市资源优化匹配，促进产业与城市发展的统一、联动。通过系统视角提出产城融合拥有一种动态演变的系统内涵这一理论，这个系统发挥实体要素和虚拟要素的共同作用，逐步实现各要素之间以及系统和结构之间各层次的良性互动，产城融合是一个复杂的网状形态，它不是单纯的两者相互促进，更表现为两者互为渗透复合发展，实现互融互通，创造更大的生产力（李学杰，2012；刘瑾、耿谦、王艳，2012；蒋东华，2012；孙红军、李红、马云鹏，2014；岳隽、古杰，2015；石忆邵，2016；等等）。

　　国外学者对于产城融合具体内涵的理解与中国学者观点类似，但是侧重点有所不同，立足于对产业与城市的协同发展，城市在极大程度上被当地经济结构所定义，而城市发展又极为倚重构成本地经济发展的产业（Curtis J. Simon，2004）。又如在 Glaeser（2005）做过的案例分析中可以看出，城市发展的成功可以完全被适应和"再发明"产业结构的能力所解释，技术创新的不断发展，新型工业对传统工业的替代，新兴产业会起到引领经济增长的作用，使工业化和城市化互相带动与促进。

　　产城融合侧重于让市场发挥应有作用从而达到协同发展的目标，但也不能忽视政府在城市发展中的作用，对这个概念的不同认识就会引出不同的发展思路与思考问题方式，Papageorgiou（2000）提出"城市发展过程中的市场失灵不只是由于外部性这一单一的原因，而是同样被城市的不可分割性与不可复制性影响，因此，大城市的'城市病'如污染与拥堵并不能被简单地通过向其征收庇古（Pigouvian）税而解决"。[①]在 Henderson（2000）对于城市大小与形成的问题研究中，得出了如果土地产权明晰，则政府大力监管或是市场自由发展，都可以使城市保持在有效率的大小上；而如果土地产权不明晰，则不受政府监管的城市将变得过大，导致超出城市本身负荷能力。

　　民生问题同时也是国外学者考虑较多的一个角度，如 Thorsnes（2000）关心城市化进程中的住房问题，认为"大规模居住的发展需要依靠外部效应内部化这一方法，通过收集建筑房屋用地中居民用房细分部分的交易价格，来鉴别地理环境上发展较好的地区特性对不同人群的价值，为了创造更好的地区特性所付出的时间与精力对产城融合发挥了巨大的积极影响，因此在产城协调发展中就必须重视它的作用，由此凸显出城市在产业、居民间整体协调发展的重要性"。[②]

　　综上所述，产城融合不仅表现为一种城市与产业的互相促进关系，更需要产业的合理升级与布局。城市的建设依托产业的发展，而产业的发展又是建立在城市的基础上，需要城市的功能完善，因此，产城融合

---

　　① Papageogiou, Y., "Externalities, Indivisibility, Nonreplicability, and Agglomeration", *Journal of Urban Economics*, 2000, 48: 509 - 535.

　　② Thorsnes, P., "Internalizing Neighborhood Externalities: The Effect of Subdivision Size and Zoning on Residential Lot Prices", *Journal of Urban Economics*, 2000, 48: 397 - 418.

发展的共识基础是要促进产业布局、产业结构的转型与城市功能相协调。但是，不同学者由于受研究目的的局限与学科背景的影响，对于产城融合这一概念的内涵理解有所不同。如果产城融合的内涵不能明晰，也就是说对于什么是产城融合的实质内容什么不是无清晰界定，也就无法准确判断产城融合的具体范围。因此，这样一个结论由此得出，即对产城融合内涵的明确界定将是产城融合问题研究中需首要解决之问题，本书将在第三章对产城融合内涵进行清晰的界定。

第三节 产城融合途径的研究及评价

一 产城融合途径的研究

目前，关于产城融合的实践活动仍处在探索的进程中，对现有产城融合的经验进行分析不难发现，虽然各地区的产城融合途径有不同的侧重，但仍然可以归纳为以下几个方面。

（一）以新型工业化促进城区发展

济南高新区东区因为实际工业产业的基础相对较好，工业化程度相对较高，因而提出了以新型工业化推动城区发展、通过发展新型工业化提高企业的规模经济效益，促进企业经济实力的增强，为济南地方财政收入做出贡献，为城区的建设提供强有力的经济保障。上海宝山北部在新城建设和发展方面坚持走新型工业化的道路，结合宝山自身的努力提升带动能力，同时对北部新城的传统工业实行协调发展的战略。智能制造成为新城产业转型的新动力，突出"新"的特色，着重发展智能型装备、新材料、新能源等高新科技产业，大力促进生产性服务业和新型制造业的发展，通过低碳节能的理念配置资源、与环境协调发展，构建有利于优势产业与新兴产业的空间，不断增强新城的可持续发展能力（刘瑾、耿谦、王艳，2012；梁浩，2013）。走新型工业化之路能为产业转型带来多重契机，同时能促进劳动力不断向高新区集聚，实现居民居住点和人口转移的空间集聚，从而提升了城市化的质量与水平。

（二）以产业集群带动城区发展

产业集聚在带动人口集聚之外，也推动了城市区域发展。作为陶瓷产业的代表地区，景德镇的城区发展与陶瓷产业集群的推动作用息息相关。陶瓷工业园作为代表的产业集聚区，集聚了景德镇陶瓷业的主要力量，许多陶瓷企业的相关企业在此集聚进而形成区域产业集群，成为区域内生产活动的支柱。同样典型的广西柳东新区也采取新型城市化发展方式，通过产业链条的有效延长、传统产业的提升优化、现代服务业的不断夯实、战略性新兴产业的不断发展的共同作用，使产业链不断向高端方向延伸。这种产业链的有益延伸促进了地方特色产业集群的形成，从而促进其他服务业的兴起，产业的集群化带动新区各个领域的开发，进而使企业的生产效率和综合竞争力有了明显提高（黄建新、陈文喆，2012；秦智、李敏，2013）。

Jofre Monseny 和 Marin Lopez（2011）通过分析公司层面的数据，研究集聚经济在产业与地点间的关系得出"劳动市场共享与共享投入是影响城市经济集聚的最重要因素，而知识外溢所发挥的作用相对较小，其中劳动市场共享所带来的影响在城际层面尤为突出，知识外溢的重要性与劳动者在产业间的流动性有着高度的相关关系"。① 但是尽管在集聚经济中，知识外溢的相关程度较低，在某个城市的经济发展上，人力资本带来的知识外溢确是主要动力之一，产业的再配置也起了至关重要的作用（Findeisen and Siidekum，2008）。这些观点的提出为研究产业集聚效应问题提供了新的角度，也进而成为研究产城融合问题的新思路。

（三）统筹布局以综合服务功能带动产城发展

无论是济南高新区东区在产业、民居等空间统合综效，统筹建设基础设施体系，还是四川成都天府新区在新城建设方面借鉴新加坡的城市综合体发展模式，在社区内居民就可以满足医疗、教育、商业等绝大多数需求，都展现出工业园区与居住园区以综合服务功能带动和谐产城发

---

① Jofre - Monseny, J. & R. Marin - Lopez, "The Mechanisms of Agglomeration: Evidence from the Effect of Inter - industry Relations on the Location of New Firms", *Journal of Urban Economics*, 2011, 70: 61 - 74.

展的格局（刘瑾等，2012；冯奎，2015）。由此不难发现，统筹布局在产城融合领域的重要角色，结合规划实践，促进城市产业结构升级与综合配套设施不断融合，逐步走向良性发展道路，以此推动经济形态由单一产业型向集生产、消费、服务等复合功能的多元型经济转变，通过综合系统的服务功能促进产城发展。

Deng，X. 和 J. Huang（2008）[1] 也注意到"综合服务能力对产城融合的重要作用，城市在空间范围上的扩大作为衡量城市发展的一个维度也在研究领域被赋予相应的意义，通过单中心模型数据分析结果显示经济发展速度与城市化呈明显正向关系，其他重要影响要素包含工业化与服务职能的崛起"。由此表示若中国的现代化与经济发展紧密相连，则必定还需要很长时间的城市化进程，这其中就离不开城市服务能力的提升。

（四）以创新推进产城融合发展

成都天府新区通过支持文化产业化，发挥区域文化资源优势，结合技术嫁接与科学运用促进产业创新发展，文化在凝聚与辐射方面发挥的巨大作用增强了产业的竞争力，提高了产业的附加值，进而有利于产城融合的发展。以中国台湾的新竹科技园、中国北京的中关村科技园及韩国的大德科技园为例的"三区联动"创新模式有效整合了城区、校区与园区的新资源，建立起了以创新创业为基础的综合联动体系，引入市场经济的利益驱动机制及政府的引导保障机制和人才支持和文化引领机制，组成了产城融合的新模式（刘明、朱云鹏，2011；殷德生、江海英，2014）。这种模式着重强调创新，以创新为产城融合的推动力，新兴产业、休闲度假旅游业、高端服务业及都市农业等产业的协同发展提升了城市的竞争力。

（五）以优化环境促进产城融合发展

浙江台州通过优化产业区的制度、文化与生活环境，推动产城融合的进一步发展。一方面加强全市产业布局与规划，转变管理模式，提升服务效能，通过加强城市干线路网制度管理推动产业区与主城区之间的

---

① Deng, X. & J. Huang, "Growth, Population and Industrialization, and Urban Land Expansion of China", *Journal of Urban Economics*, 2008, 63: 96-115.

联系，促进产业集群的培育，做大做强城市产业规模；另一方面加强文化产业发展，改善城区生活环境，寻找产城融合新突破点，推动城市化的进一步发展（王欣、徐颖、王先君，2015）。优化环境完善服务体系，推进市场化、社会化、专业化服务，整合科研机构及高等院校、社会化服务机构等资源，为产业发展提供人才引进、产学研合作、创业辅导、项目批建、业务外包、管理咨询等服务，提升信息化服务水平，打造全方位、立体化服务体系，推动城市与产业的持续发展。通过经济、生态、人文的结合发展，达到产业与城市的共生，充分体现产城融合发展的意义。

中国的发展经验证明城市继续发展的理论值得认可，多数城市被证明仍需继续城市化进程，还远没有达到"体型臃肿"的地步（Au and Henderson，2006）。研究表示，由于居民在城市间的迁移限制，导致许多城市并未构建起均衡框架，但目前的当务之急绝非一夜间扩大城市规模，而应优先推进城市管理与基础设施建设，以防止它们在公式化进程中被冲淡。由此观之，制度与服务环境提高的具体进程不仅是产城融合的重要元素，更与民生福祉息息相关。

二 产城融合途径研究评价

上述产城融合的推进主要是从产业发展、创新及环境等角度进行的经验总结，这些途径一定程度上有利于城市经济的发展，但是研究缺乏对于城市功能的完善与调整，没有专门针对城市功能提升的经验性总结。另外，现有研究多集中于开发区空间演进的路径总结，城市新区的发展虽然带动了劳动力人口的大量聚集，但却很难促使城市功能与社会网络的优化发展，而且产城融合发展过程既是新城区实践过程中经验的归纳，也应是体现新老城区效率与效果的实践创新过程，产城融合的发展途径应是产业发展与城市功能良性互动下的新方法与新思路在实践中的应用，既要有新区产业发展方面的路径创新，也要有老城提升城市功能与产业协调发展的途径创新。产业的转型升级依托城市综合功能的完善，城市的发展也需要产业布局以及产业结构的优化与创新，二者共同推动城市区域经济的健康发展。

第四节　产城融合问题的研究及评价

一　产城融合问题的研究

产城融合的问题既存在于新城区的建设发展中，也存在于老城区的优化升级中，这些问题种类繁多，目前主要体现在以下几个方面。

（一）规划缺乏严肃性与合理性

城市整体规划缺乏严肃性与合理性，致使产城融合时难以形成有机联系的综合体系，未能将人口、社会、资源的可持续发展理念纳入工业化与城市化过程中，将导致产业升级优化受到阻碍，同时城市的配套功能也不能完善，无法实现产业与城市的同步发展。这不仅使城市公共服务设施缺乏，城市功能协调不畅，还令产业与城市融合不足，无法保障新型工业化对于现代城市化服务配合的需要，从而阻碍城市进一步发展。"新城规划缺少法的严肃性，新城规划主导权掌握在市政府层面，人治色彩不可避免。'一任领导、一种思路'，三五年一调整，缺乏连贯性，各种市场行为主体对新城无法形成理性预期，增加了社会交易成本。"① 未进行合理规划的城市将无序发展，给城市之间和城市内部均造成混乱，与之相随的负面效应不断攀升将导致交通拥堵、不合理占地、环境污染等具体问题出现（王小鲁，2010）。城市发展是一项不断探索发展的系统性工程，科学而合理的规划是城市发展的引航明灯，对城市发展有着不可估量的意义。

（二）"有城无产"或"有产无城"造成的产城分离

城市发展与产业优化具有相辅相成、缺一不可的特点，二者的良性互动共同推动产城发展，但是现实中忽视产业支持和城市构成的现象并不少见。一些地区在实践中将 GDP 作为衡量一切经济工作的唯一标准，由于 GDP 政绩作用下，导致片面追逐城镇化的推进速度及城镇的面积扩张，在各种各样的打造新城过程中，不注重产业的合理规划与支撑，不关心产业数量的增加与产业质量的提升。20 世纪末，

---

① 陈云：《产城融合如何拯救大上海》，《决策》2011 年第 10 期。

上海提出了让郊区成为 21 世纪上海工业主战场的战略规划，并在实践中快速发展取得成果，但是工业园区与城市环境、居住等由于在空间和结构上的分离而造成了产城割裂的发展问题，进而大大地阻碍了园区发挥对城市经济发展的基础性支撑作用。另一些地方试图通过搬迁政府机构促进新区发展，这种方式一定程度上分流了主城区的人口，缓解大城市人口压力，但是，地方政府以房产开发拉动新区发展仍然只是一种短期经济效益观，新区因忽视培育产业基地和搭建产业环境而形成产业带动乏力和较高住房空置率的现象，这类虚假城市化因有城无产而导致新区变成空城（夏骥，2011；钟顺昌、李坚、简光华，2014）。

（三）配套设施落后难以实现城市功能的有效集聚

建设公共服务设施是城市发展的必要保障，城市功能的有效集聚离不开完善的配套设施。一些新区缺乏相应的公共基础设施，公共服务设备配套落后，商业服务设施不发达，住宿和餐饮业发展欠佳，综合性商业购物中心和多功能商务中心缺乏，城市公共设施建设被产业发展所挤占，生活性服务中心的建设无法保证。由于政府财力、物力和管理方式的限制，城市新区在公共基础设施建设中经常会产生如定位较低的综合服务设备和缺乏规模效应的配套设施等问题，因此难以对城市资源共享及城市经济发展起到良好的推动作用（徐代明，2013；孙丽敏，2014；卢为民，2015）。因此，需要针对具体问题进行具体分析，及时评估产城失衡的水平以及出现问题的实质，结合规划实践，寻求各方协作，促进城市区域产业结构升级与综合配套设施不断融合，推动城市走向良性发展道路，提升整体区域的经济实力。

土地使用与交通整合的不同方式也引出相应问题，美国现有多数城市的"蔓延增长"导致了中心城区较旧、郊区发展滞后、公共空间缺乏等问题，这也令学者们不断寻找其他城市发展途径，针对这个问题一些学者在区域规划途径上推崇精明增长这一模式，提高城市的"宜居性"（Zhang, M., Ding, C. R., Robert Cervero, 2005）。

（四）新老城区功能难以互补和融合

我国城市的发展进程中，资源配置不尽合理，新老城区功能间难以互补和融合的问题普遍存在。我国有些城市没有协调好城市化和工业化推进过程中的关系，尤其是在加速近郊城市化进程中，一些地方政府只重视土地城市化，而忽略人口城市化的问题普遍存在，从而使新产业园区的从业人员因考虑生活成本而将生活范围锁定在园区周围，很少与老城区的产品或就业市场发生联系，新老城区之间缺乏合理完善的要素交互通道，新老城区的功能衔接不善问题，因此产生了新老城区之间功能无法互补的困境（刘荣增等，2013；周海波，2013；何智锋、华晨，2015）。

在民生领域的另一考虑表明，城市扩张的过程中势必将在居民社会交流的降低与更多可支配空间之间权衡，Brueckner 和 Largey（2008）在研究中注意了密度外部性的影响，将每个家庭单位因更多的居住空间而造成的社会关系损失纳入考虑范畴，并最终得出社会交往与居住密度之间呈负相关关系，因此，居民的个人空间消费显得太小而绝非太多，这是导致城市新城发展的一个原因。

二　产城融合问题研究评价

综上所述，已有产城融合实践中的问题主要集中在规划不合理、产城分离、城市设施落后、新老城区不融合等方面，其他研究资料过少，可参考性不足，缺乏对于产城融合在实践中的产业转型困境关注，接续性产业与新兴产业没有能与城市化质量发展得以同步推进，存在产业发展无法有效促进城市化的问题，实证方面仍不够成熟，没有提出完整的可操作性对策建议；同时社会环境也缺乏对于产城融合的有力支撑，在文化、金融等多个领域未能有效构建产城之间的良性循环路径，这些产城融合问题在城市建设与发展中也值得引起注意，根据上述研究问题，今后对实践问题还应进行深入调研，获得更多研究资料，补充目前研究的可参考性；对于产城融合理论的认识，还应建立更完整的研究体系，同时借鉴国内外的成功案例，提出切实可行的对策建议，只有解决好产城融合实践中存在的问题和理论上的提升，才能更好地推进产业与城市的协调发展。

第五节　产城融合测度的研究及评价

一　产城融合测度的研究

在定量分析方面，国内高刚彪（2011）提出的使用四个层级四个方面 26 个指标的评价体系直接测度产城融合，结合工业化与城镇化间的协调互动的关系测度产城融合的状态，将评定后的融合度划分成高度、良好、基本融合及产城失调这四个类型，通过使用层次分析法及专家打分法对融合进程进行量化评价，并且测算出河南省商水县处于基本融合的产城融合状态，以此为例说明该地距离良好和高度融合的评价标准还有很长的发展之路。

另外，是对园区及典型城市产城融合的测度。苏林等（2013）通过上海市张江高新区的例子，在考虑经济增长、土地资源、生态环境等约束背景下，提出工业园区走"以产兴城、以城促产、产城互动"的产城融合道路的评价体系，构建四个层级四个方面的综合全面评价指标体系，使用模糊层次分析法对高新区的融合度进行了有效测度。结果表明该地的产城融合水平已达到较高层次，城市化中的经济发展、园区建设、创新项目、城市化水平这四个方面的指标对高新园区的产城融合发挥了不可磨灭的助推作用。

孙红军等（2014）采取了三个层次的指标体系对产城融合度进行综合评价，并制定了人口融合、空间融合及功能融合三个方面的基础目标层和六个指标层的综合指标体系。使用层次分析法及专家打分法保证了测度评价的科学性与严谨性，建成了一套较综合完整的产城融合度评价指标体系。

王菲（2014）对产城集聚区的融合制定了二层次十二指标的评价体系，同时选用郑州、许昌、洛阳和新乡四个城市中具有典型意义的产业集聚区进行实证研究，运用四格象限法和组合赋权法对产业集聚区的产城融合度评价研究，并对河南省 20 个典型产业集聚区进行了实证分析，得出各地区的产城融合度。

唐晓宏（2014）通过目标层和准则层及指标层构建了相应的指标

体系，通过层次分析法来确定各指标的权重，对以上海金桥经济技术开发区为代表的 5 个开发区产城融合发展情况进行评价，对产城融合系统性评价具有一定的参考意义。但是该指标体系过于简单且易受主观因素影响，不足以全面真实评价产城融合度。

王霞等（2014）选取国家级高新区为样本进行高新区的综合评价研究，通过 3 个一级指标、13 个二级指标及 38 个三级指标建立高新区产城融合度评价体系，并用因子分析和熵值法对 56 个国家级高新区的产城融合进行综合得分与排名。指标体系虽较为全面，但在统筹各因子协调度方面还可以进一步改善。

付岱山等（2015）通过构建沈阳经济区产城融合程度的评价指标体系，并运用层次分析法为二级工业化水平与城镇化功能的具体 64 个评价指标赋权重，最终得出沈阳经济区产城融合发展水平，但对于城市功能的指标选取与量化方面还因其困难性而呈现出未来的进一步优化可能。

周作江等（2016）从内涵出发以产业发展状态、城市建设与服务、人的发展为层级，构建 35 个具体指标的产城融合测度指标体系。并运用主成分分析与熵值法相结合的方法，测度出环长株潭的 8 个城市产城融合水平，以此说明完善的城市功能配套可以减少劳动力的流动性，从而提高人的整体工作效率。

在测度研究中个别学者也对产城融合影响因素简单归纳，王霞等（2014）认为影响全国高新区产城融合程度的因素主要有四个，即资源因素、产业因素、社会因素和环境因素，并据此设立了指标体系；唐晓宏（2014）在人口因素、产业因素、空间融合因素及城市功能因素基础上构建了相应的指标体系；王菲（2014）从产业化、城市功能实现角度，构建了二级产城融合的评价指标体系（见表 2－1）。这些因素体现了产业在城市功能与空间联系的融合，有利于推动区域空间上城镇、产业、人的和谐统一。

表 2－1　　　　　　　产城融合评价指标体系研究概况

年份	作者	评价方法	评价层级	评价指标
2011	高纲彪	层次分析法	经济、政策、空间、环境	GDP 指标、交通时间、配套设施、绿色空间、居住面积等 26 项指标

续表

年份	作者	评价方法	评价层级	评价指标
2013	苏林、郭兵、李雪	模糊层次法	经济、创新、配套设施、城市化	经济规模、经济效率、利润、税收、科技创新、基础设施等15项指标
2014	孙红军、李红、赵金虎	层次分析法	人口、空间、功能	园区与城镇空间距离、居民平均出行时间、园区职工在城镇购房率等6个指标
2014	王菲	四格象限法	产业化、城市功能	人均GDP、单位GDP能耗、工业化指数、研发投入、社区服务机构等12项指标
2014	唐晓宏	层次分析法	产业、人口、空间、城市功能	开发区产业发展指数、园区就业密度、通勤便利程度、医疗教育设施满意度、居住环境质量满意度等38个指标
2014	王霞、王岩红、苏林、郭兵、王少伟	因子分析法和熵值法	工业化、城市化	人均总收入、全员劳动生产率、工业增加值、人均产品销售收入、科技人员比重、通信网络建设等77个指标
2015	付岱山、付静	模糊层次法	工业化水平、城镇化功能	工业增加值比重、服务业增加值占GDP比重、技术成果市场成交额、GDP总量增速、居住条件等64个指标
2016	周作江	主成分分析和熵值法	产业发展、城市建设、人口发展	人均GDP,单位GDP能耗,第二、第三产业比重,地均固定资产投资,绿化率,人口密度等35个指标

资料来源：笔者参考相关资料整理得出。

　　Koroneos（2012）等认为"具有持续性的指标选取是衡量城市发展中不可或缺的因素"。[①] 他们在研究中运用"有效能指标"着重考察产业发展对于环境的影响，反映了学术领域中对城市可持续性的关注。Yigitcanlar 和 Dur（2010）开展了城市稳定性测度研究，并得出了基础设施、产业、环境、交通等要素是衡量城市发展的重要因素，对其持续稳定发展具有重要意义。在最近的研究中，Shen 和 Zhou（2014）通过对105个指标体系的分析，得出现今我国不同指标体系中的非一致性较强，在指标的协调性和赋权方法上还存在诸多问题，因此还需要更深入

---

　　① Koroneos, C. J., Nanaki, E. A., X dis, G. A., "Sustainability Indicator for the Use of Resources—the Exergy Approach", *Sustainability*, 2012, 4（8）: 1867 – 1878.

地研究指标选取方法、建立指标体系机制，这其中也需要政府部门的参与。

二　产城融合测度研究评价

现有的研究多数将分析对象集中于开发区，忽视新老城区的关联互动；在指标选取上也因学者的专业差异呈现出规范性不足；同时，产城融合测度指标的选取也呈现出和城市竞争力或产业发展潜力的一般共性，对于产城融合度的测度主要集中在层次分析法、因子分析、熵值法、模糊层次综合评价法及聚类分析等方法。构建产城融合的发展评价体系应紧扣研究的目的及意义，明确指标层和指标数，不宜冗杂烦琐，也不宜片面单薄，应从产城融合内涵和机制的深刻探讨上选择具有核心代表性的指标。目前研究产城融合测度问题的文献资料并不丰富，并且新城的产城融合测度还占多数，将其作为普遍适用广义范围下的产城融合评价标准还欠充分，学术界应在今后的研究中紧随产城融合理论与实践的发展步伐，建立起统一完善的评价体系。

第六节　产城融合其他方面研究及评价

现有的研究更多的是集中在产城融合基本内涵、途径、问题及测度方面，相关研究人员针对我国经济发展的特征，融合新思维，不断丰富与充实此类问题的研究，呈现出较为成熟的一面。同时，随着产城融合研究的不断深入，产城融合的机制与效应研究也逐渐受到一定关注，只是对于产城融合的机制与效应方面的研究非常少量，呈现出研究的短板特征。杨雪锋（2016）引入"空间"要素，以城市空间的经济与生态为基础探讨产城融合内在机理，认为产城融合是产、城、人、地、业、居六大要素在空间上的有机结合；沈永明等将产城融合发展的动力机制归纳为产业升级驱动机制、城市功能转型机制等（沈永明等，2013；石忆邵，2016），但是只停留在产城融合机制概念的提出，并没有深入展开分析；谢呈阳等（2016）认为，产城融合是"产""人""城"三者的融合，而"产""城"的协同互促是以"人"为连接点，通过构建要素市场的价格调节与因果循环机制探讨了以人文本下"产城融合"

的含义、机理与作用路径。

邹小勤等（2015）以重庆三峡库区近 10 年的数据为样本，基于面板向量自回归模型进行三次产业对城镇化的正负影响效应测度，为西部欠发达地区发展优化提供政策选择依据。许树辉等（2016）以广东韶关芙蓉新城为例通过以居住、产业、生态、服务四大空间要素分析新城内部及新老城之间的融合效应关系，但只进行了定性描述，没有进行定量测度，在研究方法上未有新的启示。

现有极少量关于产城融合的机制与效应研究并没有从产城融合内涵及工业化与城镇化的协调发展角度深入分析机制原理与效应影响，更像是城市发展中的一般机制运行与效应的描述，因此，对于产城融合机制与效应就成为本书的重点研究部分。目前，学术界对产城融合的相关研究还不是非常系统，对产城融合内涵、模式、测度等问题的研究比较零散，对产城融合的机制与效应的研究还比较少，因此，本书力求更加全面、系统地进行产城融合各方面的研究，希望能够得到基本一致的研究结论。

第三章　产城融合的影响因素

本章将在第二章的基础上提出产城融合的界定与影响因素，这既是产城融合测度指标选取的依据所在，也是机制分析的动因构成，更是进行产城融合效应分析的基础。产业与城市的互动共生受到产城融合影响因素的作用，探究影响产城融合的因素，为后续章节产城融合的测度、机制及效应等分析提供多方位的研究视角与分析思路。

第一节　产城融合的界定

从现有研究文献来看，产城融合概念的界定过于模糊，既有广义上理解为工业化与城市化的融合，也有产业区与城区融合的狭义理解（孙红军、李红、马云鹏，2014），也就是说，现有研究并没有对产城融合的内涵进行全面且清晰的界定。为了使产城融合测度、机制及效应分析更有针对性与深入性，首先应明确界定产城融合的内涵，本书从产业发展与城市功能两个概念的内涵分析中引入产城融合，由此进行内涵的界定，为本书的深入分析提供清晰的准则。

一　产业发展

产业定义呈现多样化[①]，但产业发展的目标呈现以人文本的显著性

[①]　由戴伯勋和沈宏达主编的《现代产业经济学》中列举了以下产业定义：一是指现代经济生活中从事生产或作业的各行业、各部门以及企业和私人服务单位的集合，或者说，产业是为国民经济提供产品或服务的经营单位的集合；二是指生产同类产品或提供类似服务的经营单位的集合；三是指存在并发展于社会生产劳动过程中的技术、物质和资金等要素及其相互联系构成的社会生产的基本组织结构体系；四是指从事国民经济中同性质的生产或其他经济社会活动的企业、事业单位、机关团体和个体的总和；五是指同类经济活动的企业、事业单位和个体的总和。

演进特征，具体体现为产业的整体各方面不断由不合理走向合理、由不成熟走向成熟、由不协调走向协调、由低级走向高级的过程，也是产业结构转换升级、产业布局逐渐优化、产业组织合理化及产业集聚形成的过程。所以，一个完整的产业发展的内涵包括以下几个方面：第一，经济活动中形成的各个产业间的技术经济联系不断自然演进和人为优化，实现产业结构的高级化，即由第一产业向第二产业和第三产业逐次转移的过程；第二，产业在一定地区空间范围内的动态分布与组合日趋合理，不仅有益于经济、社会、环境的协调发展，还有利于取得良好的社会、经济和生态效应；第三，产业内企业间的市场结构关系与组织形式安排在横向与纵向的结构升级，同类企业间的垄断与竞争的市场关系逐步优化，实现企业内部构成的强有机性、严密的组织性和复杂的联系与制约；第四，在一定区域范围内，生产某种产品的若干同类企业，以及为这些企业配套的上下游企业，与相关的服务业，高密度地聚集在一起。① 在外部规模经济的驱动下，产业集聚通过分散在周围地区的一些相关产业逐渐转移到该区域形成集聚，最初趋势形成以后，随着经济的发展，集聚地区由于市场的作用，会吸引更多的企业向该区域进行产业转移，形成产业集聚的连锁效应。

二 城市功能

不同的学科领域对于城市定义有着明显差别②，从经济意义上看，城市是指"在一定地域范围内的政治、经济、文化中心，是工商业发达及非农人口集中的地方，在国民经济和社会发展中起着主导作用"。③虽然城市定义中提到产业，但只是作为城市的组成部分而出现，并不能体现产业在城市中的集聚经济效应或是空间利用程度，更不能反映出产业对于城市的社会功能效益，因此出现产城融合概念来显现产业与城市

---

① 刘世锦：《产业集聚及其对经济发展的意义》，《改革》2003 年第 3 期。

② 由踪家峰编著的《城市与区域经济学》对于城市定义列举到：著名城市史学家刘易斯·芒福德（Lewis Mumford）认为城市是一个地理集合体、一种经济组织、一个制度进程、一座社会活动的剧场和集体创造的美学象征。社会学家路易斯·沃斯（Louis Wirth）认为城市是一个规模较大、人口较为密集的、各类有差异的社会个体的永久居住地。

③ 谢文蕙、邓卫：《城市经济学》，清华大学出版社 2008 年版。

在人口、经济、环境、文化等方面的协调与统一成为必然。城市功能是指在一定区域内各种因素决定的政治、经济、生活、规模等整体城市职能。城市功能具有系统性、结构性、层次性等特征，在社会生产力变革而引起的人类在生产方式、生活方式及居住方式上持续大规模改变的城市化动态过程，城市功能的内涵主要体现为以下几方面：第一，城市经济生产能力的转变，城市的各种结构性因素决定着城市规模的改变与人口的迁移，城市的机能或能力得以强化，由此形成的城市经济生产功能决定着城市的性质与发展方向；第二，城市生活质量的提升，通过信息服务、商贸流通、社区服务、金融融通等综合功能的发展，达到城市居民的生活与居住水平发生由量变到质变的改善；第三，城市资源配置效率的提高，通过城市的基础设施与公共服务设施水平的不断提高，城市现代化承载功能的整体发展水平得以全面提升。

三　产城融合的界定与特征

现有研究对产城融合的内涵理解基本统一为"产城融合的内涵包括有机协调的城市功能、相互联系的基本单元、有序流动的生产要素及现代化产业发展体系，其本质主要体现在将生态环境作为依托、现代产业作为动力、生产性与生活性融合作为功能关系的多元复合性方面。通过系统视角提出产城融合拥有一种动态演变的系统内涵这一理论，这个系统发挥实体要素和虚拟要素的共同作用，逐步实现各要素之间以及系统和结构之间各层次的良性互动"（李学杰，2012；刘瑾、耿谦、王艳，2012；孙红军、李红、马云鹏，2014；岳隽、古杰，2015；石忆邵，2016；等等）。

在上述内涵认识基础上，再基于对产业发展与城市功能的内涵辨析，本书认为产城融合是指在综合考虑产业空间结构、城市承载力和可持续发展的基础上，通过产业、城市、人口、民生的协调有序发展促进城市的更新与城市服务水平的完善，使产业发展立足于符合城市整体的功能扩展，形成产业发展和城市功能优化良性互促与协同共进的科学动态过程。产城融合范围既包括城市新区也包括城市老区，是整个城市与产业的共生与互促，其内涵主要表现在以下方面：第一，资源与效率的统一，城市资源包括基础性的自然资源、选择性的设施资源及政策性的管理资源等，无论哪种资源都需要合理开发与配置，提高资源的利用效率，实现资源与效率的统一；第二，生产和生活的互动，城市中涉及不同产业的生产活动为提升居民生活质量提供坚实基础，而生活质量又反过来为各类生产提出新要求，生产与生活的互动有利于城市与产业的融合发展；第三，居住与服务的和谐，仅仅有房可居而没有交通设施、医疗卫生、教育教学等服务配套，最容易形成"空城""睡城"式产城分离，因此，居住与服务的和谐共生是产城融合的必要条件；第四，经济与环境的协调，城市经济发展不能以牺牲环境作为代价，城市融合强调的是可持续发展，优化经济改善环境，实现经济与环境的协调发展。

产城融合内涵显示出的特征主要如下：①产城融合具有系统性，其经济空间与作用主体是一体化体系，其中各经济因素综合协调发展，需要财政、金融、人才、土地、政策等方方面面的配合与支持；②产城融合具有多样性，这主要反映在产业的动态发展、城市功能的提升及二者的联动共生上，产业结构升级推动城市生产功能的转变，产业组织优化促进城市服务功能的完善，反过来城市生活与文化功能的提升也对产业创新与集聚发挥重要作用；③产城融合具有层次性，从资源的有效利用到生产与生活的兼顾，实现就业结构与居住结构的匹配，从经济利益的追逐到社会与生态效益的考量，实现人口、资源与环境之间的平衡，产城融合具有层次递进性。

通过对产城融合内涵与特征的探讨可知，产城融合不仅是城市包含产业或者产业影响城市这样的简单结合关系，而是呈现出不同特征的具有综合内涵的产业与城市的动态协调发展的关系。

第二节　产城融合的影响因素

目前，对于影响产城融合的因素分析还在共同探讨过程中，缺乏较为具体而深入的研究，但在多元化因素共同作用上是有共识的，这从本书第二章的文献梳理中也不难发现，产城融合这一复杂、动态过程受到来自各方面的多重因素的影响，既有工业化进程中的区位自然要素与产业发展的影响，也有城市化进程中城市的经济基础与功能条件的影响，还有联系二者互动互促的服务与环境的影响，当然还会有一些不确定性因素的影响。本章根据这个分析思路提出产城融合的影响因素，相应理论基础在产城融合测度指标体系构建章节还会再做进一步阐释。

产城融合的影响因素包括产业发展因素、城市功能因素、联动因素与其他因素（见图3-1）。产业与城市的融合首先要有产业和城市自身的发展，产业的健康发展与城市的功能完善是产城融合的基础条件，这就使产业与城市成为影响产城融合的基础因素；其次，还有沟通产业与城市的联动因素，比如创新能力、规模承载及环境因素，这些因素将产业与城市有效联系起来，成为影响产城融合的关键；最后，还有影响产城融合的其他因素，比如政策导向或偶发风险等，这些因素既可能会加强产城融合的能力与水平，也可能带来产城融合发展的停滞不前，成为影响产城融合的不确定性因素。

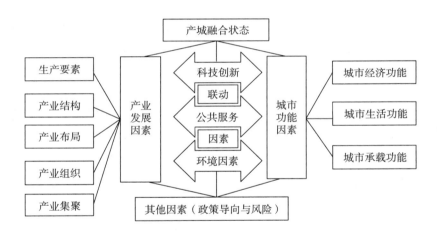

图3-1　产城融合的影响因素

这些多元性因素都影响到城市与产业的和谐发展。例如，城市中是否拥有竞争优势产业，为城市经济发展提供比较优势；优势产业能否形成产业链获取更大范围经济利益；城市能否合理有效地利用资源与技术推动社会经济发展；城市与产业融合发展能否推动需求持续增加与科技创新的突破等。上述因素关系到一个城市与产业能否和谐发展，在具有相同要素资源的城市中可能因为产业发展重点不一样或者原有经济实力不同而出现产城融合的差异性，同时也有可能因为城市具有一项因素的优势时，通过其绝对或相对比较优势也会促进城市或产业其他因素的优势逐渐形成。在产业发展、城市功能及联动因素对产城融合的驱动能力起着决定性作用的同时，其他因素也通过其不确定性在最终的产城融合状态水平中得以体现。

一 产业发展因素

产城融合的作用主体一是产业，二是城市，二者的融合与产业及城市本身的发展密切相关。无论是产业发展迅速而对应于城市功能弱化，还是城市功能完善对应于产业缺乏优势，都不是产城融合的良好体现，产业因素与城市因素同时成为影响产城融合的基础因素，产业发展因素包括生产要素、产业结构、产业布局、产业组织、产业集聚等。

（一）生产要素

产业发展离不开生产要素，生产要素是用于生产经营活动的社会经济资源，是维系国民经济运行及市场主体生产经营过程中所必须具备的基本因素。通过对生产要素的运用，既可以提供各种实物产品，也可以提供各种无形产品即劳务，生产要素在产业生产上扮演着重要的角色，随着生产条件与产业结构的演变，生产要素的结构方式也将发生变化，而生产力越发达，这些因素的作用越大。在经济学中，生产要素主要被划分为劳动、土地、资本与企业家才能这四种资源类型，为了更便于分析生产要素与城市融合之间的关系，这里将生产要素归纳为以下几大类，即土地资源、人力资源、知识资源及资本资源。

土地资源作为基础性生产要素，是地上地下一切可以开发及利用的自然物质资源的总和，是经过人类发现进入到生产与消费过程，可以产生经济利益用来提高人类当前及未来福利的物质能量总称，在社会经济发展中起着重要的基础性作用。除包含物质资源外，土地资源还包含这些资源的区位、气候等优劣，对于城市与产业有着不同的影响，城市地理位置会影响自身及产业对市场或运输成本等生产环节的适应性，例如我国东南部众多沿海城市就因为得天独厚的地理位置优势而获得产业与城市上的迅速发展。产城融合着重于城市与产业的共生，随着社会经济的进步，土地资源的利用度在广度与深度上也不断扩展，对于产城融合的作用影响也发生着一些改变，产城之间的关系由对土地资源的发现与开发依赖逐渐转变到对土地资源的合理利用，以期实现土地资源的最大功能与综合效益，促进人与自然的协调发展，推动经济社会的全面可持续发展。土地资源对产城关系的影响主要体现为产城布局与功能的统一上，城市发展与产业布局必须要考虑土地资源的合理利用，用足城市存量空间，减少盲目扩张，围绕交通轴线进行土地开发利用布局，充分发挥土地的自然生态功能和社会经济功能的双重效益。

人力资源的供给是其他资源进行合理配置的重要条件，同时生产活动本身也会创造出对人力资源的需求，人力资源是生产经营活动过程中不可或缺的要素，引起人力资源的就业结构改变，进而改变产业的发展方向与城市社会经济的发展进程。亚当·斯密、李嘉图及马克思等都论述过劳动的重要性，基于劳动价值论基础认为劳动才是创造财富的唯一源泉。在柯布—道格拉斯生产函数中，人力也是产出的主要影响变量之一，在短期生产中，假定资本投入不变，人力更是为主要变量，所以人力资源对企业、产业及城市经济影响意义重大。人力资源对产城融合的影响可以分解为体力劳动与脑力劳动等不同层次的影响，体力劳动是存在于人体本身的生物性表现，同人的生命年龄有直接关系，但与自我学习的积累与反复开发的增值关系不明显，体力劳动数量的扩张往往带来粗放式的经济增长；而脑力劳动则是智力、知识、技术、经验、信息、关系等综合体现，是可以通过目标拉动、制度推动、教育启动等方式进行外部催进与自我更新的，脑力劳动数量的扩张通常带来集约式的经济增长。通过不同人力资源的投入，获取的不仅是物质与劳务产品的差异，更是改变产城融合主体能动性的路径选择，因此，需要通过人力资源开发来提高人力资源的利用率，逐渐提高生产要素使用层次带来的产城竞争优势。

科学、技术等知识资源在产业发展中影响产品与服务的表现。知识资源是建立在知识基础上可以反复利用给社会经济带来财富增长的资源。1996 年，经济合作与发展组织（OECD）在《知识经济报告》中，将知识分为四种，即事实知识、原理知识、技能知识与人际知识。其中，前两种为以一定形式记录下来便于传授的显性知识，后两种为非系统阐述的隐性知识，显性知识主要来源于大学、研究机构、统计部门及科学期刊等渠道，而隐性知识则主要来源于市场或行业活动及其他。在技术变革、竞争激烈的当今时代，知识资源是企业最重要的战略资源，是行业竞争优势的根本，是决定城市配置资源与创新的能力，充分有效地利用知识资源，通常可以为产业发展提供更高级的人力资源和科学技术上的突破，提高产业发展层级，提升城市竞争力，推动城市有序、协调地可持续发展。

不同产业所需资本差异很大，资本是一种可以带来剩余价值的财富资源，是指所有者投入生产经营，能产生效益的物质资本与金融资本的总和，在不同的发展阶段对于资本的使用也不同。美国经济学家罗斯托将经济社会的发展分为六个阶段，即传统社会阶段、起飞准备阶段、起飞阶段、成熟阶段、高额群众消费阶段及追求生活质量阶段，并且认为在第二、三、四的三个阶段资本投入意义重大，是以发动机作用推动经济增长的必要条件。马克思将资本的运动描述为资本循环与资本周转，资本在循环中依次采取货币资本、生产资本和商品资本三种形式，资本只有顺利地通过购买、生产、出卖三个阶段，从一种形式转变为另一种形式，才能带来剩余价值的产生。资本可以通过贷款、债券或风投等形式运作，它和城市居民储蓄率及当地资本市场有直接关联，更与金融市场的开放程度有着密切的关系，资本对于城市与产业的发展意义在于提高生产效率，提升产业层级，带动城市经济增长与发展。

生产要素通常是复合并存的，城市与产业对于要素的依赖程度也随着经济发展和产业性质而不同，对比较优势理论而言，城市与产业的最初发展总是和生产要素的资源优势密不可分的。但是，生产要素有初级生产要素和高级生产要素之分，初级生产要素包括天然资源、非技术人力资源、资本等要素；高级生产要素包括高等教育人力资源及知识资源等要素（见图 3 - 2）。产城融合是长期的动态过程，先天自然资源的优势随着经济社会的发展和科学技术的开发其重要性在逐渐下降，而经过加工、培训、创新后的高级生产要素对于产城融合的重要性日益增长。

（二）产业结构

产业结构经常牵动城市经济发展并影响其与产业发展关系，产业结构是在分工基础上产生与发展的，不同产业部门因受到因素的影响与制约不同，会在优化升级、吸纳就业及对经济增长与发展的作用影响等方面呈现出差异性，产业结构通过合理化与高度化的统一带动城市区域经济的健康发展。产业结构高度化通常具体反映在各产业部门之间产值、就业人员、国民收入比例变动的过程上，由于经济发展的动力离不开技术革新，所以具有生产上升率高的高新技术产业是产业升级的重点方向，同时产业结构还应向收入弹性高、附加值高的产业调整，对区域整体经济提供良好的市场机会与发展空间，进一步推动产城融合。

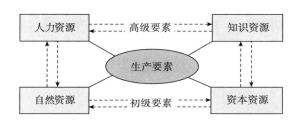

图 3 - 2　生产要素

改革开放以来，特别是 20 世纪 90 年代实行市场经济体制以来，沿海各省主要城市及周边区域在第二产业驱动下经济快速成长，沿海地区第二产业的就业比例明显提高，而且逐渐成为第三产业发展的主动力，与产业结构密切相关就业结构也发生很大变化。在一定程度上，这两个结构变化方向具有一致性，产业结构的渐进变化与城市经济、人口、资源等方面息息相关，直接影响着城市与产业的协调发展（王智勇，2013）。

（三）产业布局

产业布局主要是针对产业结构的调整进行整体规划与布局的，具体体现为因地制宜、统筹兼顾各产业部门及各产业要素与链环，协调各产业之间矛盾，扬长避短地在空间地域上进行产业合理安排，形成具有重点特色的产业分布与城市功能综合发展的组合态势，推动城市区域经济的协调发展。产业布局在遵循经济、社会、生态等效益基础上引导产业、人口与城市的和谐、友好发展，它不仅影响产业结构、经济结构，而且影响城市区域可持续发展能力。

我国改革开放以前产业地区分布非常不平衡，东北三省与少数内地省份担当了重工业生产基地与主要的矿产资源采掘基地（范剑勇、朱国林，2002），这些区域中的主要城市发展也是围绕重工业为特征及传统计划体制下第三产业的计划供给而发展的，呈现出工业化与城市化不一致的状况。可见，区位理论下的产业布局更要注重生产成本高低、市场份额大小及产业聚集效益等问题，产业布局应以城市经济职能定位为依据，以城市空间资源限制为基础，合理优化产业结构，预留产业升级发展空间，充分发挥城市区域空间的分工与合作。

英国首都伦敦在经历了第二次世界大战之后，遭受了巨大的摧残，道路与设施建筑毁坏严重，城区出现大面积的贫民窟和衰落区，千疮百孔，一片衰败景象，老城改造随着战后经济的复苏与发展迫在眉睫，伦敦的城市改造与复兴效果显著并且影响深远，成为日本、美国等发达国家城市发展的参照模式，其成功经验值得借鉴学习。

伦敦早期的城市改造侧重于住房的革新，20世纪50年代的贫民窟改造就是通过改建低安全标准及其他不宜住人的住宅以解决贫民窟问题和中心区人口膨胀问题，房地产业虽然一度吸纳了一定的就业人员，但是随着环状地带的不同区域空间的舒适程度差异，很多中产阶级离开内城居于外城。与此同时，伦敦的烟雾事件导致四千人死亡，也使伦敦政府更加注重合理安排工业用地和发展，将工业迁至远离内城之地，导致内城逐渐衰退。并且人们还发现单纯的"先拆再建"并不能够持续有效地解决城市压力，这就要求产业的布局转换，伦敦开始引进世界资金和人才及机构，重点发展金融业和创意产业，20世纪90年代，伦敦经济逐步从之前的经济衰退开始迈向繁荣，金融业每年为伦敦创造5%以上的增加值，同时提供三十多万的金融服务岗位。伦敦创意产业的发展动力也是来自应对后工业时代的分工调整和产业转型，金融服务业和创意产业不仅让伦敦获取丰厚的经济利益，而且给伦敦带来诸多的长远利益，产业布局转换为伦敦这座国际化大都市注入新的活力。

（四）产业组织

产业内各个企业以协作关系为基础的相互关系形成产业组织，产业组织从市场结构、产业绩效及企业形态等方面呈现出的组织和结构形式，既可以体现生产过程中的分工与合作，又可以表现出在市场中的垄断与竞争关系。产业组织可以反映企业规模与企业规模经济，并主要体现在产业集聚、进入与退出机制以及竞争与管制方面，政府与市场的关系直接影响产业组织变化，也影响着不同产业组织的城市区域的社会经济发展。

改革开放前，全国大多数城市除了一些传统的小生产与服务组织外，只有各级各类正规行政垄断性的生产与服务组织，这类组织在计划经济下虽然有着较强的垂直领导和纵向控制的经营管理能力，但是因为组织机构重叠与管理程序烦琐，造成管理成本高，并且组织效率低下，市场被排外，企业没有成为市场的主体，反而成为行政组织机构的附属品或者执行者，虽然各城市中都有国营企业、集体企业及个体企业等，但是企业规模结构不合理，城市经济功能也较为单一。改革开放后，市场开始发挥其组织能力，企业集团的成长与横向经济联合逐渐兴起对于产业与城市的发展都具有非常重要的意义。各种形式的企业在同一市场互相竞争、联合或者兼并，通过产业重组向垄断竞争目标过渡，在产权关系逐渐理顺后，通过资本市场运作，为企业的兼并与重组创造条件。企业原本纵向的行政隶属关系被割断，面对竞争激烈的市场生存和发展，必须通过集中资源与优化联合，扩大自身生产规模，提高品牌知名度，提升市场占有率，市场竞争的结果是自组织下的从无序竞争到有序竞争，在竞争机制中形成现代化市场经济的运行规则，中国知名企业联想、海尔、华为等就是在自由竞争市场中逐渐成长起来的，更带动了相关产业的壮大与发展。与此同时，北京、青岛及深圳这些企业开创与发展的城市也多次在城市竞争力排名中名列前茅，产业组织是维系城市与产业发展的良好纽带。

（五）产业集聚

产业集聚在工业化进程中普遍存在，在工业化发达的国家，有竞争力的产业一般都采取集聚的方式，比如日本的机器人产业、德国的印刷产业、美国硅谷的电子产业等。产业集聚的形成既可能是市场交易条件下的自发过程，也可能是政府推动或者是资本转移的过程，无论何种模式都应是在充分利用城市区域的资源优势和加强企业间经济联系的基础上形成的。产业集聚过程中相关产业资源在一定区域空间上的高度集中，通过内部与外部规模经济带来集聚效应，主要体现在：一是产业集聚有利于降低交易成本，提高企业分工协作的生产效率；二是有利于更长久、稳定地获得供应方的配套产品与服务，降低生产成本；三是有利于得到更具优势的专业资源，提高资源配置效率。同时，产业集聚还可以促进企业科技创新，在集聚过程中发现市场机会，充分体现干中学及知识外溢作用，有助于新思维的出现与科学技术的创新。

产业集聚还带来竞争效益，根据波特的钻石理论，产业集聚带来的激烈竞争是企业获得各自优势的主要原因，在竞争与比较中激发了企业的创新力与动力，使产业集聚中的企业更具有竞争优势。集聚的目的是通过人类的智慧产出推动自然禀赋发展的经济力量体现，产业集聚带来的效益对于城市的贡献作用显而易见。首先，产业集聚通过要素流动和规模效益扩大城市经济总量，推动城市经济增长与发展。其次，产业集聚通过资源有效配置促进产业结构和经济结构的升级优化；另外，产业集聚通过土地用途变更、吸纳就业人口与完善基础设施等途径推动城市化的进程。总之，产业集聚通过竞争增强城市的创新能力，引领新技术产业的发展，转变城市经济增长与发展的方式，提升城市的综合竞争力。值得注意的是，产业集聚要防止过于集中而出现产业结构单一造成的城市经济发展无法接续的状况，多元化的产业集聚在一定程度上可以保证城市经济的健康发展。

二　城市功能因素

城市功能因素作为影响产城融合的基础因素主要包括城市经济功能、城市生活功能及城市承载功能等。

（一）城市经济功能

在一定区域范围内提供产品与服务的经济能力形成城市经济功能，它是以科技与市场环境等为基础的综合发展能力的体现，是一个城市区域经济发展水平的集中表现，一个城市的经济实力高低对于城市本身、产业、人口、资源及周边地区等都有重要影响。通常城市空间资源是有限的，城市经济功能的提升是城市发展的关键所在，如何通过合理优化的产业布局在有限的空间内不断提升资源配置效率是城市经济功能必须面对的问题。

每个城市的经济功能最终是以经济产出的各项指标来体现的，经济产出提供的各种产品与服务是产城融合发展的物质保障，是城市与产业协调发展的动力基础。城市经济功能在主导产业基础之上，以取得更多商品、劳务、资本和技术为目的，实现城市的经济增长与发展。如果缺乏经济功能的支撑，城市经济可持续发展就会受阻，城市与产业都难以发挥应有的作用。随着全球工业化的迅猛推进，城市经济功能在现代化发展过程中日益提升，发挥着越来越重要的作用，有利于促进城市经济结构优化调整，有利于推动经济增长动力接续转换，有利于发挥城市集聚和扩散功能，有利于提高城市竞争力与区域带动力。

（二）城市生活功能

城市经济功能的提升必定会带来城市生活功能的改善。城市生活功能是城市经济功能的进一步体现，城市生活水平的高低可以反映出经济社会的生产发展阶段，居民消费物质与文化生活需要的产品与劳务与产业发展息息相关，进而通过居民实际收入、消费水平以及消费结构影响产城融合。目前，在中国一些区域还存在高投资低产出的现实问题，居民的生活水平低下，不利于区域经济社会的发展阶段提升。因此，提高居民收入，改善人们生活水平，不仅有利于消费需求的扩大与消费质量的提高，而且有利于区域经济增长与发展，缓解因过度投资带来的对资源的浪费与环境的破坏，有助于资源节约型和环境友好型社会的建设，推动产业与城市进一步的融合。城市生活功能的发挥过程，实质上是城市与外部区域发生物质、信息等资源交换的过程，因此，城市生活功能的形成和发挥作用，是能量聚集与放大的效应，是城市全方位开放的过程。

（三）城市承载功能

一般而言，城市规模越大，经济产出越高，城市产业结构较为完善，城市的承载能力较强，城市规模小则相反，但同时也存在相同规模城市的经济与社会有较大差异的情况，这和城市的要素资源、产业发展、科技水平、城市条件等有着直接的关系，在解释城市与产业的融合关系时，很难找到一个非常精准的切入点，因为各因素之间的关系很复杂，它们既相辅相成，又自我强化，城市经济与生活功能既是一个要素的组成部分，也是产城融合结果的体现，在复杂因素关系下的要素影响也呈现不确定性特征。不过城市规模承载功能弱的城市，会通过开放市场，培育特色产业、加快创新等措施提升经济总量，扩展城市区域，实现城市与产业的融合发展。

三 联动因素

对于产城融合的两个重要主体产业与城市而言，产业与城市各自的发展虽然很重要，但是连接二者的联动因素更是关键因素，联动因素包括科技创新、公共服务及环境因素等。通过先进的技术，便捷的城市公共服务以及良好的环境因素作为沟通产业与城市的桥梁，推动产业与城市的协调发展。

（一）科技创新

科技创新是各创新主体与创新要素共同相互作用下的复杂现象，是各种形式知识与技能长期积累的结果。科技创新提出的各种新思想、新理论、新方法及新发现等内容，促进城市与产业形成新的增长点，并通过在生产工艺与流程、产品制造与技能等方面的创新和改进，成为社会进步的动力源，推动社会经济的进步与发展。科技创新是科学与研究、技术与进步、应用与创新的共同演进产物，涉及如企业、高等院校与科研机构、公众与政府等众多主体，受到人才、资本、制度、创新环境等多元要素的影响。科技创新通过培育与孵化经济社会的高新产业，彰显城市经济实力，是促进城市与产业可持续发展的重要联动因素。

美国旧金山南部的硅谷以计算机和电子工业等现代制造业引领世界，西雅图则因以软件开发与航空工业为代表的现代产业而成为西部经济的支柱，产业形成竞争优势，科技创新是不可或缺的因素，企业通过新方法、新技术的应用，带动供应商的创新并培育新产品研发的环境，当创新在相关上下游产业之间溢出传递，整个产业的创新步伐也会加快，进而带动整个区域的经济发展。

（二）公共服务

社会综合体中单个对象的经济活动离不开公共服务提供的相应保障，无论是产业发展还是城市功能提升都必须有公共服务的连通配合。公共服务作为城市政府部门或者其他部门为满足居民生产和生活需要而提供的公共物品或服务，包括公共基础设施建设、教育、卫生、医疗、保障等方面。公共服务可以分为非经济性和经济性两大类公共服务，前者以教育、卫生、医疗、社会保障等为代表，主要作用于经济的长期发展与居民福利的增加；后者以道路、能源、通信等基础设施为主，主要作用于短期内促进经济增长（Keen and Marchand，1996）。城市经济发展过程中不断提升这两类公共服务，对于因城市空间区位或经济水平不同等原因而产生的公共服务差异性具有逐渐缩小的作用，通过促进公共服务均等化协调城市经济与产业发展。

美国华盛顿市以西 35 公里处的里斯顿是一座只有几十年历史的新兴城市，属于弗吉尼亚州费尔菲克斯郡，是非常成功的新城开发之典范，而成功的关键与新城公共服务不无关系。里斯顿的开发始于 1962 年，其背景是美国大城市战后均出现经济复苏，人口急速增长，城区压力持续增大，形成主城区紧凑型的贫困社区和郊区纯住宅的富裕阶层社区较为功能单一和无序的现象，针对于此，新城的开发定位为一种可持续发展的自我成长能力的社区，能满足社区家庭居民在不同的时期多元化社区服务需求，是具有自组织更新造血功能的自由型都市社区。①

为保证新城社区功能复合及形式多样化，新城选址既要交通便捷，又要环境宜居，还能吸引新型产业入驻，而里斯顿因为离杜勒斯机场 15 分钟车距，并且靠近巨大信息技术购买需求的美国政府和高级人才聚集地华盛顿特区，因而成为天时、地利、人和的新城区，同时合理的规划也保证了土地的复合利用和开发强度的提高。社区包括学校、影院、图书馆、教堂、托管中心、医疗设施、警察局、文化娱乐活动设施以及公共交通网，社区不远处就是公共机构和政府机构、商业办公、公司总部所在地，良好公共服务保障的产业与人口不断升级的良性循环是里斯顿获得成功的原因所在。

（三）环境因素

产城融合的环境因素是一系列对城市经济与产业活动产生直接或间接相关作用的要素总和，主要包括市场环境、文化环境与生态环境等。

第一，市场环境通过市场化程度、政府职能等内容影响生产、消费、分配等一系列经济活动。市场化程度反映市场机制作用于经济活动中的影响资源配置的程度，市场化程度越完善，市场资源配置效率越高，市场的开放度也越高，其对于资金、技术、管理等方面也会产生作用，进而反过来又会影响市场化程度。政府职能则通过国家或地方行政

① http：//www.doc88.com/p－1827101386001.html.

机构依法所具有的职责功能对城市经济与产业活动进行管理。政府职能反映着政府公共行政的基本内容与方向，政府职能在市场中的作用应以有利于全社会福利为原则，政府职能的转变有利于降低交易成本并提高经济效率。成熟且良好的市场环境体现出政府政务与立法的透明、腐败现象的低下，可以提高市场机制下资源配置的有效保障，在经济活动中政府对于市场的不必要干预越少，越有助于经济社会的发展。

第二，文化环境的营造受到政治与经济、历史与地理、价值与思维、传统与习俗等诸多因素的直接或间接影响，是一个复杂的多层次环境体系建设。随着城市化与工业化进一步推进，产城融合对于文化环境的要求日益加剧。城市异质性人口的高度密集形成文化的生产、贮存与传播，并在城市价值观念与文化的逐步提高中得到不断地扩散与推广。文化环境是人类生产与创造出来为自身物质与精神文化活动提供协作与秩序的基础社会条件。从城市发展战略思想的明确指导，到城市规划设计与实施方案的合理进行，文化环境的作用不容忽视，良好的文化定位与文化观念可以帮助城市加快建设与发展的步伐，在文化环境的推动作用下，促进城市、产业与人口之间的协调互动，不仅有利于推动城市物质文明建设与发展，更有利于城市精神文明进一步的提升。

第三，由于粗放型产业发展带来的生态环境的破坏是城市经济发展的绊脚石，牺牲生态环境而换来的经济增长无法满足城市与产业的可持续发展，生态环境是关系到城市经济社会持续性发展的复合系统，是人类赖以生存与发展的水、土、气等资源条件的综合体。在利用与改造自然的过程中，人类对自然环境在水土、地质、气候等方面既有破坏与污染，也有保护与净化，由此而产生出的要么危害人类生存与发展，要么促进人类生存与发展的各种作用效应，成为影响城市经济与产业发展的重要因素。如果生态环境因为产业粗放生产而出现问题，那么不仅会危害到人口、资源与环境的协调，更有可能会影响到整个城市的健康与发展。因此，建设资源节约型与环境友好型城市的关键是加强城市生态文明建设，通过良好的生态环境，保证城市居民更好地投入生产与生活活动，推动城市与产业的融合发展。

四 其他因素

产城融合的其他因素是指在基础因素和联动因素之外的政策导向与偶发风险等因素，其他因素具有一定的阶段性与偶然性，对产城融合的影响带有较强的时效性和不确定性，所以在研究中只做简要阐述。

第一，政策导向因素。城市与产业的融合发展，可能是国家开发政策的支持，也可能是国际大形势下形成的有力导向优势，这些政策导向都会创造新的机遇环境，提供新的成长空间。

深圳市的快速发展可以说是国家政策给予了重要契机。深圳市是在1980年8月26日由全国人大常委会批准建立的中国改革开放第一个经济特区，经过三十多年的发展，已成为有一定影响力的国际化城市，开创了举世瞩目的"深圳模式"。深圳市的前身是宝安县，1979年11月中共广东省委决定将深圳市改为地区一级的省辖市，加速开启其城市化发展进程。1980年8月深圳市经国家批准，正式设立经济特区，1981年3月，深圳市升格为副省级市，深圳的城市化进程开始加快，国家开发政策对深圳形成前所未有的机遇。到1990年1月，在特区内基本架构起城市管理的全面组织，在特区外的宝安县则继续沿用着深圳早期的未改制时使用的农村管理体制，形成城乡并存的混合型组织架构，随后深圳加快农村城市化进程，实施两步走计划①，逐步将特区内与特区外的行政管理体制统一起来。深圳"两步走"城市化进程完成后，成为中国第一个没有农村建制的城市，一座现代化的新兴城市拔地而起（仲德涛，2012）。

2004年，深圳成为全中国首个无农村、无农民的城市，创造了世界工业化与城市化及现代化史上的奇迹，深圳在中国高新技术产业、金融服务、外贸进出口、航运及创意文化等多方面占有重要地位。目前，深圳市已发展成为中国对外开放与世界交往的重要窗口城市，在区域经济发展中起着重要的作用，这和千载难逢的政策导向有着紧密的联系。

---

① 第一步为特区内的城市化实施。主要通过在管理体制、组织形式、房地投资、户籍管理及社会福利保障等方面的改革，使特区内的农村转型为城市，村民转型为城市居民，逐渐实现城乡一体化的城市管理体制。第二步为特区外的农村实行城市化，对特区外的宝安县进行了撤县建区，形成宝安区和龙岗区，通过行政建制改革为深圳全面城市化进程铺路。

第二，偶发风险因素。偶发风险具有多样性与复杂性，是不确定性的一种体现，是存在于事物内部且尚未显现出来的某种特定危险情况发生的可能性以及后果的组合。风险可以表现为收益的不确定性或者损失的不确定性，但通常是指损失的不确定性。产城融合中存在的风险主要体现在结构风险、资金风险及管理风险等方面，随着城市化进程中产业的快速发展，产城融合的风险因素有可能带来的危害不容忽视。

底特律的衰败是各种风险因素及相关因素综合作用的结果。底特律（Detroit）是位于美国中西部密歇根州最大的城市，始建于18世纪初，在19世纪末因为福特汽车制造公司的建立而出现历史转折，随后，通用、克莱斯勒等美国汽车公司总部纷纷落户底特律，三大汽车公司的集聚使其成为世界汽车中心，并被誉为汽车城，20世纪50年代，底特律发展的巅峰时期，人口规模达到180多万，成为美国第四大城市。财政收入的80%也来自汽车产业，汽车产业集聚成就了底特律的城市辉煌，但也限制了底特律产业发展领域的创新与拓展，成为底特律产城融合发展的风险因素。

20世纪60年代以后，随着汽车产业的衰退以及其他因素的影响下，底特律的城市发展每况愈下，到2013年12月3日底特律正式宣告破产，使其成为美国历史上最大规模的破产城市。究其根本关键因素在于产业结构过度单一，进而在人口、收入、城市化及政府负债等方面陷入危机，造成城市破产。底特律城市破产是众多以制造业为主发展的城市的前车之鉴，也是产业与城市融合发展研究的必要性现实基础，从产城融合的角度分析底特律的衰败之路可以为我国城市与产业的发展提供警示与启示。

在相当长的一段时间里底特律汽车产业是其支柱产业，而且是唯一的支柱产业，财政收入基本来自汽车产业，汽车制造业是底特律这座城市的核心部门，与汽车产业有关的钢材、塑料、玻璃、仪表、发动机以及轮胎等相关零部件生产非常发达，汽车产业专业化与集约化的程度非常高。但是随着经济全球化，汽车工业的联合改组和新技术应用的快速传递与进步，世界汽车产业的格局发生了巨大变化，在新的国际产业分工中世界汽车中心由美国向欧洲、亚洲国家转移，由于受到欧洲车和日韩车的冲击，汽车逐渐成为美国的夕阳产业，底特律汽车产业的旧模式已经不能适应市场竞争压力。

底特律汽车产业采取的是大规模标准化流水线生产流程，因此无法适应市场多样化与消费者需求个性化快速转变的要求，同时垂直一体化的组织管理框架不利于企业合作研发和知识信息的传播与共享，再加上汽车专利已经过期，由知识产权带来的汽车工业巨额垄断利润也逐渐消失殆尽，廉价劳动力和自然区位优势等低成本效应成为现代汽车产业的推动力，所以美国的汽车产业开始萎缩，这无疑对完全依赖汽车产业支撑的底特律来说也是致命一击。

城市产业结构的单一化风险致使汽车产业无法积极面对市场的变革，汽车产业的不景气导致底特律的持续衰败，底特律的财政对于汽车产业的过度依赖使政府无法及时出台产业转型的政策措施，替代性产业发展规划也缺乏理论指导和实践经验，同时底特律市的城市规划也没有充分考虑生产和生活的融合，"底特律的城市空间格局具有明显的圈层结构，产业空间表现出强烈的产业联系，生活空间表现出较强的阶层和种族隔离。"① 由此不难发现，风险因素也是产城融合的影响因素。

---

① 虞虎等：《美国底特律"城市破产"对我国城市发展的警示》，《中国名城》2014年第5期。

第四章 产城融合的测度

本章基于产城融合的内涵意义及影响因素并借鉴 DSR[①] 结构设立产城融合的测度指标体系，在理论基础上科学、合理地选取适当指标，构建产城融合的测度指标体系，为产城融合的测度差异、机制与效应研究提供定量分析基础。

第一节 产城融合测度指标的选取

一 指标选取的意义

（一）产城融合驱动指标选取意义

产城融合是一系列影响因素作用下的综合状态，而这些影响因素成为决定产城融合状态的驱动之所在，也即是产城融合推动本质。因此，用指标来对产城融合驱动能力进行度量与分析是一个综合内容的体现，它既涉及城市和产业本身发展的方方面面，又涉及促进二者联动的各方面因素，产城融合驱动指数是由多方面的众多个指标所构成的指标体系，尽可能地涵盖影响产城融合发展所涉及的各方面，以期对产城融合的整体能力有一个综合的测度与判断。

---

① 该 DSR 指标体系是于 1996 年由联合国可持续发展委员会创建的可持续发展指标体系，分为社会、经济、环境、制度四大系统按照驱动力（Driving Force）、状态（State）、响应（Response）模式设计的 142 个指标所构成的指标体系（乔家君等，2002）。这种菜单式结构的优势是层次结构简单明了，但问题是指标数目过于庞大并且粗细不匀，考虑到响应指标的政策性反映较难量化及获取难度，因此本书借鉴此结构只取用驱动—状态作为评价方向。

产城融合驱动的科学度量，应从产城融合影响因素的角度展开，即产业发展因素、城市功能因素、联动因素和其他因素，因为其他因素具有不确定性和偶然性，同时带有政策导向性，在指标的选取上存在难度，所以本书仅从前三个维度进行产城融合能力测度指标体系的构建。将上述三个方面的内容同时包含在对产城融合的能力测度之中，产城融合的能力评价指标体系才具有全面科学的基础，产城融合的能力测度标准正是在这样的思想指导下加以设定并细化的。

（二）产城融合状态指标选取意义

产城融合状态是在产城融合驱动作用基础上所达到的一种结果，应该既体现为城市核心功能提升，又体现为空间产业结构优化的特征。一方面，要以产业发展作为城市功能优化的必要支撑，唯有产业布局合理和升级发展才能不断推动城市功能进一步完善；另一方面，更要以城市功能优化作为产业发展的良好载体，即城市功能的不断提高，不仅适应产业发展的配套形式，更能促使新产业的出现。因此，产城融合状态是在城市经济发展的不断深入与产业结构的转换升级中形成资源的不断重新配置，逐渐完成以城市承载产业空间发展，使产业结构符合城市发展的定位，以产业驱动城市更新和完善服务配置，达到城市功能优化与产业互促发展后的状态。这其中包含社会、经济、文化、产业和环境的多重融合，是多元要素的均衡协调发展结果。

对产城融合内涵的探讨，有助于产城融合状态指标的设立。本书将以"生产要素在城市功能优化中合理配置、产业结构的升级与优化、城市化发展的社会生活水平、产业和城市互动发展的环境"作为产城融合状态的评价标准，产城融合以产业与城市的协调发展为研究核心，研究产城相关的各个方面。既要关注城市本身经济空间的发展，提高城市化的发展质量，改善城市公共服务与居住环境，也要关注产业的调整与升级，合理配置要素资源，加快经济发展方式的转变。产业和城市息息相关，相伴而生，通过产业催生城市发展，通过城市带动产业发展，实现工业化和城市化的契合。

如上所述，产城融合状态的科学度量，应从产城融合内涵表现的四个维度展开，即资源与效率的统一、生产与生活的互动、居住和服务的和谐、经济与环境的协调四个维度模块。将上述四个方面的内容同时包容在对产城融合状态测度之中，产城融合状态评价指标体系才具有全面、科学的基础。

二 指标选取原则

（一）全面性原则

全面性原则主要是指评价对象的各方面特征能够全面系统地反映在指标体系中。通过深入分析评价对象的内在特征和影响因素，建立一个较为全面、完备、综合的指标体系。就理论上而言，为使指标体系达到全面与系统的标准，在最初的指标选取上可以尽量多选择一些指标，但在具体指标体系构建与测度时，则可以根据实际要求对指标做进一步的筛选，保证评价指标体系可全面、系统并相互联系地对产城融合的协调发展状态做出评价。

（二）可获取性原则

指标体系的可获取性是针对指标具备较为方便的获取性与简捷性而言的。如果只是因为保证指标体系的全面性就将指标体系包含非常众多的指标并不符合科学性与经济性，因为指标体现包含的指标数量太多，则可能导致数据的获取成本过高，同时还会出现指标之间的相关共线性，致使部分指标成为多余指标。因此，指标的选取要确保数据能准确而有效地收集，同时指标体系要在全面系统性和指标可行性之间找寻最优平衡点。

（三）代表性原则

指标体系的代表性则说明指标体系能反映其所考量的要素的基本敏感特征（陶建杰，2011）。因为评价对象的复杂性而存在的特征差异性，所以在指标体系的构建时要充分体现出指标体系的代表性，通过普遍适应的代表性降低系统误差。

（四）动态性原则

产城融合是一个复杂的系统动态过程，存在复杂的城市社会结构与经济结构，同时还并存产业要素结构和生态环境结构。因此，在构建指标体系时应根据系统动态分析的观点，充分考虑各有关影响因素自身量值的变化性，选取具有动态连贯性并能使其变化性在指标体系与数学模型中有所体现的指标。

三 指标选取的依据

指标选取的依据既是选取评价指标的客观依据，也是产城融合影响因素提出的理论基础，通过产城融合评价指标设定的理论依据分析，选取具有科学、合理、客观的具有代表性的指标，这里主要针对产城融合驱动指标给出选取依据，产城融合状态指标的选取依据不再赘述。

（一）产业发展指标选取的依据

产业发展是城市经济的重要组成部分，是实现与满足人们生产与生活条件的基础。产业发展离不开生产要素资源，根据区位理论选取要素资源的土地、劳动及资本等指标。以德国经济学家克里斯塔勒（Christaller，1933）和勒施（Schler，1939）为代表的城市区位理论认为，城市是在社会生产的各种资源要素基础上形成产品的过程中，以空间上的资源禀赋为特征而呈现出的社会经济系统，城市区位集聚上的相互作用创造出大于分散社会的经济效益，形成城市化的动力源泉，并在区位资源基础上确定城市的分布状态与形式。

衡量产业发展最常用的指标莫过于产业结构指标，比如工业占比，服务业占比，第二、第三产业就业占比等指标，英国的配第（William Petty，1672）在《政治算术》中指出工业生产得到的收入比农业生产的收入多，而商业获得的收入又比工业的收入多，即工业比农业的附加值高，而商业又比工业的附加值高。在吸收、继承配第观点的基础上，英国克拉克（Clark，1940）经过研究认为，随着社会经济的发展，即随着人均国民收入水平的逐渐提高，劳动力会由第一产业向第二产业转移，当人均国民收入水平继续提高时，劳动力便会向第三产业转移。因而，选取这些指标可以简洁明了地反映产业发展的变化趋势。

全员劳动生产率指标是根据产业结构升级与产业组织优化带动劳动生产效率的提高而选取的。罗斯托（Rostow，1962）认为，不同产业部门在不同的发展阶段其外部性效应是具有明显差别的，当一项新技术被发明并且应用到某项生产中去时，由于新技术的特效会使劳动生产率得以快速提高，使生产出的产品具有显著竞争优势，从而生产企业的收益率得以极大提高，促使采用这一项新技术的企业会逐渐增多，于是出现以新技术作为突破的产业部门迅速发展的趋势，在新一阶段成为优势部门，进而在经济社会发展中处于相对主导地位，优势地位在产业部门之间不断交替更迭，通过提升产业结构层级，优化产业组织，推动工业化发展进程。

美国经济学家迈克尔·波特（Michael E. Porter，1990）对美、英等十几个国家具有国际竞争力的产业进行研究，提出与某产业领域相关的具有密切联系的企业以及其他相关组织机构形成的产业集群，认为集群作为实现企业间有效协作的特殊组织形式是推动区域经济发展的必然选择，区域的发展很大状态下依赖于产业集群的形成与发展，产业集群的规模、效率、整合能力及新陈代谢能力推动区域经济的发展，产业集群所形成的集聚性、外部性也构成区域竞争力的重要内容之一，产业集群既是工业化的内生产物，也是区域经济增长的内动力。产业专门化率与产业集中度指标是反映产业集聚的主要指标。

（二）城市功能指标选取的依据

城市功能体现为城市经济、生活及承载等功能的相互联系及作用的有机整体，在反映城市经济功能方面，人均国民收入指标是国民经济核算中非常重要的指标，配合这一指标还可以选取经济密度指标反映属地性质的单位土地创造的最终产品价值。工业化过程对应着经济增长的过程，库兹涅茨认为工业化与经济增长呈正相关关系，随着人均收入增加，工业产值所占比重不断扩大。因而，还可以选取 GDP 增长速度作为反映城市经济功能的指标。

城市生活功能是体现以人为本的城市居民的生活水平，人均消费水平、人均储蓄水平是衡量城市人口可支配收入的核心指标，凯恩斯的绝对消费理论指出，消费受到收入的绝对影响，并且边际消费倾向有递减趋势，收入越多消费越多，但是单位收入增量对应的消费增量会逐渐减弱，这说明居民消费也是阶段性选择的过程，未来更好的生活还将体现在休闲时间、教育投资及人口预期寿命等指标上，这些指标反映出城市居民生活质量的提高。

城市承载功能主要通过城市土地面积、人口及人口密度等指标反映。亨德森和贝克（Henderson and Becker，2000）根据外部性原理解释城市规模问题，认为城市人口集聚源于规模经济与外部效应，提出了城市规模形成的自组织模型理论，认为现实中存在的不同规模城市，是因为不同产业的外部经济状态不同，而外部不经济的状态不仅与具体的产业有关，更取决于城市规模，消费者和企业主在市场机制作用下自组织聚集形成不同规模的城市，城市规模达到有效、适度规模是在外部经济与不经济冲突中的两难选择。所以，城市的土地、人口及人口密度对于城市的适度经济发展有着重要的承载意义。

（三）联动因素指标选取的依据

联动因素通过科技创新、公共服务及环境等方面架起产业发展与城市功能的桥梁，熊彼特（Schumpeter，1912）在《经济发展理论》中提出创新是实现生产要素与生产条件结合的一种从未有过的新突破，罗默（Romer，1986）提出技术内生增长模型，把技术创新与进步视为经济的内生变量，认为科技知识的积累才是经济增长的原动力。从生产体系到理论积累都是科技创新的平台与途径，所以选取专利数、期刊科技论文数、高技术产业占比、教育支出占比、科技支出占比等指标。

城市公共服务是联系产业发展与城市经济生活的纽带，是生产与生活紧密结合的基础条件。公共服务理论着重强调政府在保障社会福利与维护公共利益方面的责任，认为基础建设、公共福利及社会保障是政府公共服务的重要组成部分（Philip Klein，1968）。安东尼（Anthony，1995）提出积极福利的制度框架，认为公共服务政策的实施重点不是简单对社会福利支出的压缩，而是应该调整公共服务的内容结构与促进公共服务的供给主体多元化。因而，本书选取人均道路面积、万人拥有公共汽车、万人拥有医生、教师数及医疗保险参保比等作为反映公共服务的指标。

无论是产业优化还是城市发展都离不开环境的改善，在市场、文化及生态等方面的环境进步都将影响产城融合的发展。从亚当·斯密（Adam Smith）的古典市场经济自由主义到凯恩斯主义的宏观体系构建，市场与政府的局限与作用在经济发展中交替显现，并在实践中得以重视与修订。产城融合更注重市场环境的建立与完善，市场失灵导致的资源配置失效不利于产业发展与城市功能完善，规范与强化市场环境才是产城融合发展的有力支撑。因此，选取反映市场化状态的市场分配经济资源比重、科技成果市场化等指标。

文化环境是人们赖以生存与发展的根基，对人们的生活质量具有重要影响。文化一经形成就具有客观力量上的生存模式与环境，文化环境将人变成具有创造性、组织性、思想性及计划性的人，对整个经济生活发挥作用（庄锡昌等，1987）。文化设施则是营造城市文化环境必不可少的要素，在欧美国家，以大剧院为中心的文化广场与文化中心建筑群，是文化设施在城市中的多元功能与优美形象的体现（张锦秋，2002）。据此，选取万人拥有剧院、万人图书馆资料总藏量等指标。

生态环境是城市社会经济与资源环境全面协调发展的关键，Bernstein（1990）等认为，经济系统对于环境的适应能力是在可持续发展的动态过程中逐渐完成的，可持续发展推动绿色经济系统是逐步趋向稳定方面的现实系列的步骤。[①] Barbier（1987）与 Costanza（1989）等对可持续发展的终极目标，认为是通过对环境的治理保证人类更好地生存与发展。Shafik（1994）与 Grossman（1995）等发现，经济发展与资源利用、环境污染的关系很可能是从初始互竞互斥逐渐走向互适互补。根据这些理论选取人均绿地面积、工业固体废物综合利用率、环境治理投资率等指标。

第二节　测度指标体系的基本构成

一　测度指标体系的结构

从不同的研究角度出发，指标与指标体系可以有不同种类，基于指标的基本功能，可以分为描述性指标与评价性指标体系；基于信息浓缩状态，可以分为单个指标、专题指标及系统性指标等（逯元堂等，2003）；基于结构框架，指标体系可分为驱动力—状态—响应的菜单式结构（DSR）与不同模块式的结构。综合考虑本书研究的具体情况，本书在借鉴了各分类标准后，采用了描述性指标和评价性指标结合，单个指标和专题及系统指标结合，菜单式结构和平等模块式结构，将指标系统分为不同模块并运用 DS 结构形成驱动与状态评价的两个指标体系。

二　产城融合驱动指标体系的具体内容

驱动是完成各类活动的内在动力，从驱动角度考虑，代表产城融合

---

① 范柏乃、邓峰、马庆国：《可持续发展理论综述》，《浙江社会科学》1998 年第 3 期。

驱动的指标主要体现为反映影响产城融合的能动性、效率、潜力及结构优化的人均指标、平均指标及相对指标。根据前述指标选取的基本思想、原则及依据，产城融合驱动指标体系包括产业发展、城市功能、联动因素三个维度模块及相应的各指标。

（一）产业发展模块

产业发展模块主要包括产业生产要素、产业结构、产业布局、产业组织及产业集聚五个方面，涉及的指标主要包括：人均土地面积、从业人口占总人口比重、受高等教育占从业人员比重、固定资产投资占GDP比重、第二产业占GDP比重、第三产业从业人员比率、产业政策出台数、全员劳动生产率、产业专门化率、产业集中度。

（1）人均土地面积是指一个区域内单位人口对应的土地面积。是城市区域土地面积与城市区域常住人口之比，它既反映了产业发展可利用的资源，也反映了城市可持续发展的土地资源承载力程度。从产城融合发展角度看，城市人均土地面积并不是越大越好，也不是越小越好，人均土地面积越大意味着土地资源的赋闲浪费，资源的综合配置利用不合理，而人均土地面积越小意味着土地资源的承载压力越大，居民的生活质量与环境质量难以保证，因此，此指标是一个居中指标。

（2）从业人员占总人口比重是指从业人员期末人数占总人口数的比重。这个指标体现的是全部人口中的参与生产劳务的劳动人口，一个城市的从业人员率越高，代表这座城市越有活力，产业发展越有动力。

（3）受高等教育占从业人员比重是指受过高等教育的从业人员数与全部从业数之间的比值。这是体现劳动力质量的一个指标，劳动力质量越高，其采用新技术与新工艺及实行科学管理的能力就越强，可以不断地提高劳动生产率，推动产城融合的发展。

（4）固定资产投资占GDP比重是指固定资产投资额占GDP比重。这一比重越高反映用于建造与购置固定资产的经济活动越多，也即固定资产再生产的资金投入越多，有利于城市进一步调整经济结构和产业结构，增强城市经济实力以及改善居民物质文化生活。

（5）第二产业占GDP比重是指第二产业增加值占总产出GDP的比重。第二产业是工业及建筑业，第二产业是工业化推进的保证，工业化和城市化密切相关，工业化提供的各项物质产品是城市化的助推器。

（6）第三产业从业人员比率是指从业第三产业的人员数占全部产业从业人员的比重。从产业结构演进过程看，第三产业的经济总量比重会随着社会经济发展不断提升，吸纳就业的比重也会持续提升。第三产业吸纳的大量剩余劳动力是就业能够保持稳定的主要因素，这为城市推进转型升级提供了新空间。

（7）产业政策出台数是指当地政府颁布出台的关于产业方面的政策与指令。

（8）全员劳动生产率是指在一定时期内某地国内生产总值与从业人员之比值。这一指标以单位从业人员的劳动效率表示，用来反映由于产业组织调整所带来的经济效率的改变。

（9）产业专门化率是指本地区的某一优势行业在本地总产出份额与全国此行业占整个国民经济产出份额之比，又称为区位商，通常用来判断某地某产业是否构成区域地区的专业化产业。

（10）产业集中度是指某一产业内少数几家企业的生产、销售或资产等方面占这一产业在市场上的比重。这一指标反映产业集聚与支配程度，一般而言，产业集中度高代表具有规模经济且市场上的地位高，但是因为考虑到产业单一性带来的风险因素，这一指标性质为居中指标。

（二）城市功能模块

城市功能模块包括经济实力、生活水平及规模三个方面，涉及的指标主要包括：人均 GDP、GDP 增速、经济密度（城市地均生产总值）、职工平均工资、人均居民储蓄年末余额、人均社会商品消费额、居民休闲时间、人均教育投资额、人口预期寿命、城市人口、土地面积、人口密度。

（1）人均 GDP 是指该地区国内生产总值与该地区的常住人口之间的比值。该指标多用于衡量各地区经济效率水平，是重要的宏观经济指标之一，一个城市的人均 GDP 高，代表城市政府、企业及居民的可支配收入也高，有助于城市经济的持续发展和居民物质生活水平的提高。

（2）GDP 增速是指当年 GDP 与往期 GDP 之间的比值。经济增长是经济发展的基础，城市经济结构与社会结构的变迁及环境的改善都离不开 GDP 增速发展。

（3）经济密度是指某一区域国内生产总值与其区域面积之比。这个指标表明单位土地面积上的经济总量水平，它反映出单位面积上的经济效率程度及土地利用水平的高低。

（4）职工平均工资是指一个城市区域职工劳动报酬的平均水平。职工平均工资的变动直接影响消费个体可支配收入的变动，如果职工平均工资提升则居民可以相应地购买更多商品与劳务，在物价水平稳定的情况下，这个指标越高代表居民的生活水平越高。

（5）人均居民储蓄年末余额是指城市居民存入银行与其他金融机构的人民币储蓄存款总额与区域人口的比值。这个指标是一个时点指标。

（6）人均社会商品消费额是指某个区域的社会消费品零售总额与其人口的比值。这一指标反映了居民在消费水平上的强弱，人均社会消费品零售总额越高代表居民对于物质文化需求越高，同时也进一步说明居民的购买力水平较高。

（7）居民休闲时间是指居民在工作之外所用于休闲娱乐的时间，该指标体现出居民对闲暇的使用度与满意度，以城市居民在一定时期内休闲的平均时间表示。

（8）人均教育投资额是指单位人口上用于基础与继续等各类教育的投资费用。

（9）人口预期寿命是指假定当前分年龄的死亡率保持不变，同期出生的人预期能够继续生存的平均年数。不同时期的社会因为不同的经济社会环境而出现人口预期寿命不同的差别。人口预期寿命越长，意味着科学教育和卫生医疗水平等方面的提高，该指标可以反映出城市生活质量的高低。

（10）城市人口是指城市的常住人口，即按户籍登记统计的人口。

（11）土地面积是指区域行政区范围的占地面积，以平方公里为计量单位。

（12）人口密度是指区域常住人口与土地面积之比。这一指标表示区域人口的密集程度，从产业与城市的承载与发展的角度考虑，这一指标过高或高低都不是最优状态，所以这一指标是居中指标。

（三）联动因素模块

联动因素模块包括科技创新、公共服务与环境发展三个方面，涉及的指标主要包括：专利数、高技术产业占比、教育支出占比、科学技术支出占比、期刊科技论文数、人均道路面积、万人拥有医生及教师数、万人拥有公共汽车数、医疗保险参保率、市场分配经济资源比重、科技成果市场化、万人剧院、万人图书馆资料总藏量、人均绿地面积、工业固体废物综合利用率、环境治理投资额。

（1）专利数是指专利申请与授权的数量，专利数既反映出科技创新的能力，也反映出对于专有的利益和权利的保障水平。

（2）高技术产业占比是指高新技术产业增加值占 GDP 比重。

（3）教育支出占比是指政府财政支出中教育支出占 GDP 比重。这是衡量政府对教育事业投入力度的一个指标，如果政府对教育的投入越大则这个指标的比例就越高，基于人力资源的考虑将越有助于人力资本的形成和技术创新的可能，产业升级转换的潜力越大。

（4）科学技术支出占比是指政府财政支出中科学技术支出占 GDP 比重。这是衡量政府对科学技术重视程度的一个指标，从技术创新的角度来看，产业创新主要建立在技术创新基础之上，这个指标越大则说明政府对科学技术投入越大，将越有助于推动技术创新，进而促进产业创新。

（5）期刊科技论文数是指一个区域科研与技术人员在正式期刊公开发表的专业论文数量。

（6）人均道路面积是指在某一区域道路总面积与该区域人口之比。道路面积指标越高，表明城市居民享有的基础公共服务质量越高。

（7）万人拥有医生、教师数是指一个区域的医生与教师数量与该区域万人单位计的人口的比例。

（8）万人拥有公共汽车数是指一个区域的公共汽车数量与该区域万人单位计的人口的比例。公共汽车是城市公共交通的主要工具，这一指标越大，则表明城市的公共交通工具服务能力越强，居民出行的便捷程度越高，越有利生活质量的提高。

（9）医疗保险参保率是指购买参加医疗保险人口数与区域人口的比重。这一指标从一个侧面反映出社会保障服务水平的优与劣。

（10）市场分配经济资源比重是以地方财政支出占地方生产总值的比重。作为负向指标来反映经济资源分配的主要渠道，指标数值越大说明政府在资源分配中所占的比重越高，这个指标是反映市场环境的逆向指标，该指标数值越高，反而市场化较弱（樊纲等，2011）。

（11）科技成果市场化是以技术市场成交额和科技人员数之比来反映科技成果的市场化转换，这是一个正向指标，该指标数值越大，得分越高。

（12）万人剧院是指某一区域影剧院数与万人单位计量的人口的比例。

（13）万人图书馆资料总藏量是指某一区域内图书馆已在编各种文献资料的总和与城市万人单位计量的人口的比值。

（14）人均绿地面积是指一定区域内的绿地面积与人口数的比值。这个指标主要体现城市环境质量与居民的居住环境质量状况。

（15）工业固体废物综合利用率是指对于工业生产过程中排出的各种粉尘、废渣及其他废物的利用程度。

（16）环境污染治理投资率是指用于城市环境基础设施建设、老工业污染源治理等方面的投资额与 GDP 的比率。这个指标越高，说明城市生态建设和环境保护工作的投入改善越多。

依上所述构建产城融合驱动指标体系，见表 4 - 1。

表 4 - 1　　　　　产城融合驱动指标体系

目标层	模块层	子模块层	指标层	性质
产城融合驱动	产业发展	产业要素	人均土地面积	正向
			从业人口占总人口比重	正向
			受高等教育占从业人员比重	正向
			固定资产投资占 GDP 比重	正向
		产业结构	第二产业增加值比重	正向
			第三产业从业人员比率	正向
		产业布局	产业政策出台数	正向
		产业组织	全员劳动生产率	正向
		产业聚集	产业专门化率	正向
			产业集中度	居中

目标层	模块层	子模块层	指标层	性质
产城融合驱动	城市功能	经济实力	人均 GDP	正向
			GDP 增速	正向
			经济密度（城市地均生产总值）	正向
			职工平均工资	
		生活水平	人均居民储蓄年末余额	正向
			人均社会商品消费额	正向
			居民休闲时间	正向
			人均教育投资额	正向
			人口预期寿命	正向
		城市规模	城市人口	正向
			土地面积	正向
			人口密度	居中
	联动因素	科技创新	专利数	正向
			高技术产业占比	正向
			教育支出占比	正向
			科学技术支出占比	正向
			期刊科技论文数	正向
		公共服务	人均道路面积	正向
			万人拥有医生、教师数	正向
			万人拥有公共汽车数	正向
			医疗保险参保率	正向
		环境发展	市场分配经济资源比重	逆向
			科技成果市场化	正向
			万人剧院	正向
			万人图书馆资料总藏量	正向
			人均绿地面积	正向
			工业固体废物综合利用率	正向
			环境污染治理投资率	正向

三 产城融合状态指标体系的具体内容

状态是达到的一种结果状态，从状态角度考虑，产城融合状态指标主要体现为反映产城融合状态与结果的绝对指标、平均指标及相对指标。因此，产城融合的状态评价指标体系从资源与效率的统一、生产与生活的互动、居住与服务的和谐、生态与经济的协调四个维度模块进行指标选取。

（一）资源与效率的统一模块

资源与效率的统一模块包括的指标主要为：城市人均建设用地面积、从业人员数、地均固定资产投资额、人口与建设用地增长弹性系数、全员劳动生产率、投资效率、高科技人员创造率、工业用电率、人均出口创汇、人均净利润、人均税收。

（1）城市人均建设用地面积是城市区域用地面积中的项目建设用地面积与人口之比。项目建设用地主要包括居住用地、工业用地、公共设施用地、道路广场用地、绿地及特殊用地等。单位人口建设用地面积越大，利用的资源也就越多，所以这是一个正指标。

（2）从业人员数是指某一点有工作并取得工资或其他形式劳动报酬的人员数。该指标为时点指标。

（3）地均固定资产投资额是固定资产投资额与城市土地面积之比。固定资产投资额包括基本建设与更新、房地产开发及其他类别的固定资产投资等部分。

（4）人口与建设用地增长弹性系数是指人口变动比率与城市建设用地变动比率的比值。人口变动带来过大或过小的建设用地变动百分比都不利于资源与效率的统一，因此这个指标是一个居中指标。

（5）全员劳动率是指一定时期内区域国内生产总值与从业人员之比值。代表单位从业人员的经济效率水平，一般以每人的经济产值为单位来表示，它反映了单位从业人员的劳动利用程度的高低。

（6）投资效率是指一定时期内区域国内生产总值与固定资产投资额之比值。代表单位固定资产投资的经济水平，一般以单位资产的经济产值来表示，它反映了单位资产的资本利用程度的高低。

（7）高科技人员创造率是指一定时期内区域高技术产业增加值与

高科技从业人员的比值。它反映了高科技人员的创造效率，是一个正向指标。高技术产业增加值是指那些发展速度快速、知识与技术密集度高、具有高附加值与高效益的能对相关产业产生较大波及效应的产业创造出的最终产值。

（8）工业用电率是指一定时期内区域工业用电量与工业增加值的比值，它反映了单位产出上的电力资源消耗水平及利用程度的高低，这个指标是一个逆向指标。

（9）人均出口创汇为一个区域出售给外贸部门或外商的产品或商品的外汇收入总额与总人口之比，反映一个区域的对外贸易方面的规模水平。

（10）人均净利润是指一个区域的利润总额与平均职工人数之间的比率。本书采用规模以上工业企业①的利润总额和企业平均职工人数之比作为衡量指标。

（11）人均税收是指一个区域的税收总额与人口数量的比率，这是一个居中指标，人均税收不是越大越好，也不是越小越好，既要保证不会抑制地方生产的积极性，又要保证地方政府的财政收入。

（二）生产与生活的互动模块

生产与生活的互动模块包括的指标主要为：产出总量、工业占比、服务业占比、社会消费品零售商品总额、生产消费率、职工可支配收入比、恩格尔系数、平均耐用消费品拥有量、互联网入户数、万人用水量、万人用电量。

（1）产出总量为一个区域的全部生产要素创造的新增价值，即GDP总量，代表着一个区域的生产水平，这个指标越高代表经济产出水平越高。

（2）工业占比和服务业占比是指工业与服务业增加值占GDP总量的比重，这两个指标反映的是产业结构水平，指标越高代表现代化水平越高。

（3）社会消费品零售商品总额是指批发、零售业，餐饮业及其他

———————————

① 规模以上工业企业是指以年主营业务收入作为企业规模判定标准并且一般达到2000万元以上的工业企业。

等行业直接售给城乡居民与社会团体的消费品零售总额。反映一个区域一定时期内的人民生活消费水平的情况，是社会商品购买力以及零售市场规模等内容的体现。

（4）生产消费率是指全社会消费品总额与产出总额之比，一般而言，经济越发达地区的消费水平越高，即生产消费率越高。

（5）职工可支配收入比是职工平均工资与全员劳动效率之比，反映劳动力收入占比情况，凯恩斯消费理论指出收入越高消费越高，消费水平越高代表居民生活水平越高。

（6）恩格尔系数是指城镇居民食品消费支出与全部消费支出之比。城镇居民支出中用来购买食物的支出比例越大代表经济水平越低，恩格尔系数是用来衡量富足程度的重要指标。

（7）平均耐用消费品拥有量是指城镇每万户居民拥有的耐用品消费品数量，这个指标越高代表居民生活水平越高。

（8）互联网入户数是指城镇每万户居民互联网的入户数。

（9）万人用水量、用电量是指城镇每万居民所使用的水量与电量，这两个指标是居中指标，因为使用量太少代表生活水平低下，使用量太高代表环保意识薄弱，居民素质不高。

（三）居住与服务的和谐模块

居住与服务的和谐模块包括的指标主要为：人均住房面积、房屋入住率、通勤成本、万人医院数、万人高校数、万人拥有剧场和影剧院、万人道路长度、万人拥有公共汽车数。

（1）人均住房面积是指一个区域居民住房使用面积总额与居民人数之比。

（2）房屋入住率是指一定区域内居民实际使用住房的数目与全部建筑房屋数目之比。

（3）通勤成本是指城镇居民就业与居住实际距离的平均出行成本及寻找替代交通工具的成本。

（4）万人医院数与万人高校数是指一定区域内医院与高校数量与以万人单位计量的人口之间的比例。这两个指标是代表城市医疗与教育水平的基础指标，反映出城市居民在就医与就学方面的难易程度，同时也是衡量产城融合居住与服务是否和谐的一个重要指标。

（5）万人拥有剧场和影剧院是指某一区域内剧场和影剧院总数与以万人计量单位的人口之间的比值。

（6）万人道路长度是指城市道路总长度与万人单位计的人口的比例。这一指标越高，反映城市公共交通的基础设施建设越完善。

（7）万人拥有公共汽车是指一个区域的公共汽车数量与该区域万人单位计的人口的比例。公共汽车是城市公共交通的主要工具，这一指标越大，则表明城市的公共交通工具服务能力越强，居民出行的便捷程度越高，越有利生活质量的提高。

（四）生态与经济的协调模块

生态与经济的协调模块包括的指标主要为：绿化覆盖率、人均绿地面积、空气质量指数、生活垃圾无害化处理率、生活污水处理率、万元能耗。

（1）绿化覆盖率是指某个区域绿色植物的垂直投影面积总和与这一区域土地面积的比值。这是衡量一个城市绿化水平的主要指标。

（2）人均绿地面积是指城镇居民每人拥有的公共绿地面积。

（3）空气质量指数是指空气中污染物对空气质量影响的无量纲指数。这个指标数值越大，说明空气中污染物对空气质量的影响越严重，对人体健康造成的危害也相应越大，因此，这一指标是逆向指标。

（4）生活垃圾无害化处理率、生活污水处理率是城市环境治理指标，这两个指标越高，说明城市环卫事业的工作成效显著。生活污水处理率是指经过净化处理的生活污水占污水排放总量的比重。

（5）万元能耗是指在一定时期内生产出来的增加值每万元产品所消耗的能源，这个指标是一个逆向指标，指标数值越高，意味着在经济产出中的能源消耗越大，反而代表城市生态保护与经济建设的显著不协调。

据此分析，构建产城融合状态评价指标体系，如表4-2所示。

表4-1、表4-2列出了产城融合驱动与状态指标体系选取的全部指标，从表中可以看出，本书产城融合驱动与状态由各个基础指标共同反映。产城融合是一个高度复杂的系统工程，本章构建的产城融合驱动与状态指标体系力求能在总体上对产城融合驱动能力与状态水平进行判断，但也不排除指标体系中也会存在一些问题待后续完善。

表 4 - 2　　　　　　　　　产城融合状态评价指标体系

目标层	模块层	指标层	性质
产城融合状态	资源与效率的统一	城市人均建设用地面积	正向
		从业人员数	正向
		地均固定资产投资额	正向
		人口与建设用地增长弹性系数	居中
		全员劳动生产率	正向
		投资效率	正向
		高科技人员创造率	正向
		工业用电率	逆向
		人均出口创汇	正向
		人均净利润	正向
		人均税收	居中
	生产与生活的互动	产出总量	正向
		工业占比	正向
		服务业占比	正向
		社会消费品零售商品总额	正向
		生产消费率	正向
		职工可支配收入比	正向
		恩格尔系数	逆向
		平均耐用消费品拥有量	正向
		互联网入户数	正向
		万人用水量	居中
		万人用电量	居中
	居住与服务的和谐	人均住房面积	居中
		房屋入住率	正向
		通勤成本	逆向
		万人医院数	正向
		万人高校数	正向
		万人拥有剧场和影剧院	正向
		万人道路长度	正向
		万人拥有公共汽车	正向

续表

目标层	模块层	指标层	性质
产城融合状态	生态与经济的协调	绿化覆盖率	正向
		人均绿地面积	正向
		空气质量指数	逆向
		生活垃圾无害化处理率	正向
		生活污水处理率	正向
		万元能耗	逆向

第三节 权重确定与测度模型

一 数据处理

数据处理主要解决不同量纲、不同性质的数据问题，指标类型各异且分为正向指标、逆向指标及居中指标等不同性质指标，直接加总不能正确反映综合作用力，必须先考虑统一指标数据性质，使所有指标对测度体系的作用力同趋化，再测定才能得出正确结果。

正向指标是指这一指标的数值越大反映出的评价状态就越好的指标，逆向指标与此正好相反，说明指标的数值越小评价状态反而越好的一类指标，居中指标则是指标数值越居于中间平均水平所反映的评价状态越好的一类指标。正向指标需要进行无量纲处理，逆向指标与居中指标需要进行一致化处理，具体处理的方法步骤如下：

正向指标处理：$z = \dfrac{x - \min(x)}{\max(x) - \min(x)}$ (4.1)

逆向指标转化：$z = \dfrac{\max(x) - x}{\max(x) - \min(x)}$ (4.2)

居中指标转化：$z = \dfrac{1}{|x - e(x)|}$ (4.3)

式（4.1）、式（4.2）、式（4.3）中，z 为指标转化值，$\max(x)$ 为指标最大值，$\min(x)$ 为指标最小值，$e(x)$ 为指标平均值。

二　权重确定与测度模型

在综合测度的指标体系中，权重是体现各评价指标重要性的代表权数，即各评价指标在总体中所起到的不同作用。关于指标体系的赋权方法按照形成权重的方式不同，目前主要划分为主观赋权法与客观赋权法。主观赋权法是根据研究目的及评价指标的内涵状况，通过专家们主观的分析、判断，根据各指标重要状态进行打分并确定权数，如层次分析法、专家调查法等。主观赋权法对于特殊性研究具有较强的经验解释，但由于是倚重专家们的主观判断，也会出现主观判断对评价结果影响的非客观性。客观赋权法是根据各指标对应的原始信息与统计方法结合方式而得到的权重，较为常用的方法有因子分析法、主成分分析法、熵值法等，客观赋权法因为其精准性和较高可信度而被广泛使用。本书采取因子分析法、阶段阈值法及熵值法结合的方法确定权重与模型指数，因子分析法可以对指标体系进行适当的降维选择，阶段阈值法可以使指标具有阶段划分值，而熵值法是"根据指标间的离散状态进行客观赋权，既避免了指标变量间信息的重叠，也避免了人为的主观判断，比较适用于多指标的综合评价"。① 因此，基于全面性的比较与客观性的适用要求，本书的测度指标体系采用因子分析法、阶段阈值法与熵值法结合作为评价方法，因子分析法可以在指标体系涉及众多不同指标的情况下，保证原始数据损失最小下的降维，使数据分析结构在避免主观影响下进行简化，同时在对数据进行阶段阈值法处理，完成数据的阶段定义，最后再用熵值法修订权重进行综合得分，保证信息量下离散程度对综合评价的影响，具体评价方法与步骤如下。

（1）设原有 N 个变量 X_1，X_2，X_3，…，X_n，且变量经过标准化处理后作有 $P(P < N)$ 个公共因子 f_p 的线性变换，表示为：

---

① 高维和、史珏琳：《全球城市文化资源配置力评价指标体系研究及五大城市实证评析》，《上海经济研究》2015 年第 5 期。

$$\begin{cases} x_1 = u_{11}f_1 + u_{21}f_2 + \cdots + u_{p1}f_p + e_1 \\ x_2 = u_{12}f + u_{22}f_2 + \cdots + u_{p2}f_p + e_2 \\ \cdots \\ x_n = u_{1n}f_1 + u_{2n}f_2 + \cdots + u_{pn}f_p + e_n \end{cases} \tag{4.4}$$

式（4.4）中，f 为公共因子，u_{pn} 为因子载荷系数，表示 X_n 依赖于 f_p 的程度，反映了第 n 个原有变量在第 p 个公共因子的相对重要性，e 为特殊因子。

通过因子分析检验确定最终指标和因子数目，通过 KMO 测定值和 Bartlett 球形检验，检验合格可以通过公共因子的方差贡献率确定因子数目，达到降维的目的。

（2）对因子得分正向处理值 f_{ij} 使用阶段阈值法处理，阶段阈值法的公式为[1]：

$$y_{ij} = (k_{ij} - 1) \times 33 + (f_{ij} - \min f_{ij}) / (\max f_{ij} - \min f_{ij})$$
$$y_{ij} = 0\,(k_{ij} = 1)$$
$$y_{ij} = 100\,(k_{ij} = 5) \tag{4.5}$$

式（4.5）中，k_{ij} 为 f_{ij} 的阶段值，取值范围为 1—5。

（3）计算第 j 项因子指标下第 i 评估对象指标值的特征比重，记为 P_{ij}：

$$P_{ij} = y_{ij} / \sum_{i=1}^{m} y_{ij} \tag{4.6}$$

（4）根据 P_{ij} 计算得到第 j 项因子指标的信息熵值：[2]

$$e_j = -1/\ln(m) \sum_{i=1}^{m} P_{ij} \ln P_{ij} \tag{4.7}$$

（5）计算 j 项因子指标的差异系数：

$$d_j = 1 - e_j \tag{4.8}$$

（6）根据差异系数，计算第 j 项因子指标的权重：

$$w_j = d_j / \sum_{j=1}^{n} d_j \tag{4.9}$$

---

① 李天健：《城市病评价指标体系构建及应用研究》，《城市观察》2012 年第 4 期。
② 邹华、徐玢玢、杨朔：《基于熵值法的我国区域创新能力评价研究》，《科技管理研究》2013 年第 23 期。

（7）将各因子得分和因子指标权重代入产城融合驱动与状态评价模型，并由此计算出产城融合驱动与状态指数，评价模型为：

$$F = \sum_{j=1}^{n} w_j y_{ij} \qquad (4.10)$$

根据模型测度，驱动与状态指数的高低代表着产城融合驱动与状态的不同等级状态，具体为，综合指数为 0 代表产城融合驱动与状态很差，大于 0 小于 33 代表产城融合驱动与状态较差，大于 33 小于 66 代表产城融合驱动与状态中等，大于 66 小于 99 代表产城融合驱动与状态良好，大于 99 代表产城融合驱动与状态优秀。

第五章　产城融合的差异性分析

产城融合不仅推动产业转型升级，也是促进城镇化发展的有效途径，但在产城融合发展过程中，不同层级城市因为产业规模、经济基础等原因而呈现出产城融合的差异性，本章依据产城融合驱动与状态测度指标体系对全国地级及以上城市与陕西省县级及以上城市的产城融合进行驱动与状态的度量并做出差异性分析。

第一节　中国产城融合的差异性分析

需要说明的是，如前所述，产城融合驱动和状态是一系列因素作用下的综合反映。因此，用指标体系对产城融合进行测度与分析是难以完成对复杂内容涉及的城市与产业协调发展的面面俱到，虽说产城融合度量指数是由多方面的多个指标所构成的指标体系形成，但是单一体系不可能涵盖产城融合发展所涉及的各方面，即使本书指标体系的设立选用了众多指标，根据数据所计算出的产城融合指数只反映了产城融合驱动与状态的主要内容，并不能完美无缺地反映产城融合的全部内容，只能对中国各地区产城融合的整体驱动与状态进行一个基本的判断。

一　研究对象选取说明

本书基于产城融合的测度视角选取中国地级及以上城市作为研究的对象，测度这些城市的产城融合差异性程度。中国的城市与产业发展是极不平衡的，产城融合在各地区的状态是何种程度，这就需要从区域的视角分析全国各地区产城融合发展的状况。因此，本书研究对象选取的是 2015 年中国地级及以上城市市辖区，研究范围仅限于中国内地地级及以上城市的市辖区，不包含港、澳、台地区，去除两个地级市，分别为海南省三沙市和西藏自治区拉萨市，这两个地级城市缺乏研究所需要的基础数据，因此本书的研究对象最终为中国 288 个地级及以上城市。

二　数据来源说明

本章所取用的数据主要来源于：2016 年《中国城市统计年鉴》《中国区域经济统计年鉴》、部分城市历年国民经济与社会发展统计公报、中华人民共和国统计局官网、国研网统计数据库网等。

三　缺省数据处理

由于统计年鉴和数据网中有数据缺省现象，如果是多个指标缺省，则直接剔除，也就是将遗漏信息值较多的对象删除，从而得到完整信息表；如果是个别指标出现数据缺省，对于缺省的数据分为两种情况考虑，一种是有历史数据的情况，缺省数据可以通过回归分析和趋势外推获得；另一种是不具备历史数据的情况下，缺省数据可以通过该城市所属省份的指标均值替代。[1] 根据以往历史数据进行回归分析，趋势外推公式为：

$$x_t = \alpha + \beta t + \varepsilon \tag{5.1}$$

式（5.1）中：x_t 代表某城市缺省指标在目标年份的数值；α 代表回归常数项；β 代表回归参数项，即回归系数；ε 代表随机误差；t 代表时间变量值。

不具备条件的用均值替代，公式为：

$$e(x) = \frac{\sum x}{n} \tag{5.2}$$

式（5.2）中：$e(x)$ 代表某缺省指标的城市所在省份此项指标的均值；$\sum x$ 代表所在省份地级以上城市此项指标的样本数值之和；n 代表所在省份地级以上城市的样本个数。

---

[1]　李琪：《城市化质量研究：理论框架与中国经验》，博士学位论文，西北大学，2012 年。

四 全国产城融合驱动测度与差异性分析

(一) 因子分析的检验与结果

依据产城融合驱动测度指标体系，运用 SPSS 软件进行数据处理与指标变量检验后，指标数据的 KMO 测定数值为 0.811，同时 Bartlett 检验在 0.01 的状态上也显示出显著相关[①]，因此最终确定为 28 个指标变量进行因子分析，将 28 个指标变量降维得到 12 个公共因子，分别是教育医疗服务、文化环境、市场环境、产业组织、城市规模、产业结构、科技进步、生态环境、要素质量、环境治理投入、城市生活状态、城市经济增长。累计贡献率已达 85.177%，一般认为当累计贡献率达 80%以上就是较好的因子分析结果。与评价指标体系相对比，尽管个别指标的特性归属略有变动，但因子变量的内容几乎涵括了指标体系的各方面，这说明驱动指标体系设计的内容具备合理性（见表 5 - 1）。

表 5 - 1　　　　　　　　　驱动测度因子分析解释总方差

因子数	提取平方和载入			旋转平方和载入		
	特征值	方差贡献率	累计贡献率	特征值	方差贡献率	累计贡献率
1	8.256	31.030	31.030	3.885	14.603	14.603
2	2.887	10.849	41.879	3.673	13.807	28.410
3	1.893	7.116	48.994	3.269	12.288	40.697
4	1.810	6.803	55.797	2.287	8.594	49.290
5	1.354	5.089	60.886	1.692	6.359	55.650
6	1.088	4.089	64.975	1.281	4.814	60.465
7	1.080	4.058	69.033	1.170	4.397	64.861
8	1.022	3.841	72.873	1.169	4.391	69.252
9	0.949	3.567	76.441	1.094	4.110	73.362
10	0.853	3.207	79.649	1.067	4.009	77.371
11	0.772	2.901	82.549	1.042	3.918	81.289
12	0.699	2.628	85.177	1.034	3.888	85.177

---

① KMO 值和 Bartlett 检验的判断标准是 KMO 值大于 0.7，Bartlett 检验的卡方值至少在 0.05 水平以上显著。

（二）指标权重确定

根据上一章的模型公式，通过对 288 个地级及以上城市产城融合驱动测度指标体系的因子分析，经过前述数据处理得出全国 288 个城市的产城融合驱动 12 个因子的熵值 e_j、差异性系数 d_j 和指标权重 w_j，具体见表 5 - 2。

表 5 - 2　　　　　　产城融合驱动测度指标的熵值和权重

次序	因子名称	熵值 e_j	差异性系数 d_j	指标权重 w_j
f1	教育医疗服务	0.981	0.019	0.104
f2	文化环境	0.983	0.017	0.093
f3	市场环境	0.999	0.001	0.005
f4	产业组织	0.982	0.018	0.101
f5	城市规模	0.976	0.024	0.129
f6	产业结构	0.999	0.001	0.005
f7	科技进步	0.992	0.008	0.047
f8	生态环境	0.993	0.007	0.039
f9	要素质量	0.985	0.015	0.083
f10	环境治理投入	0.981	0.019	0.105
f11	城市生活状态	0.974	0.026	0.144
f12	城市经济增长	0.973	0.027	0.146

在表 5 - 2 基础上计算分项模块权重见表 5 - 3。

表 5 - 3　　　　　　产城融合驱动测度模块权重

模块名称	产业发展	城市功能	联动桥梁
模块权重	0.317	0.290	0.393

（三）产城融合驱动测度结果与差异性分析

根据实证经过数据处理的各因子得分与各因子指标权重，代入产城融合状态测度模型，由此计算出全国 288 个产城融合度驱动综合指数，见表 5 - 4。根据因子指标含义归类计算三大模块指数详见附录 1，综合

表5-4　288个城市产城融合驱动综合指数

名称	指数	名称	指数	名称	指数	名称	指数	名称	指数	名称	指数
北京市	52.24	保定市	43.36	常州市	41.37	南充市	39.93	白银市	38.51	吴忠市	36.62
深圳市	49.93	大同市	43.35	泰州市	41.36	亳州市	39.93	唐山市	38.51	云浮市	36.62
绍兴市	49.79	开封市	43.24	潍坊市	41.36	济南市	39.87	六盘水市	38.50	清远市	36.43
上海市	49.59	衡水市	43.24	鹰潭市	41.36	温州市	39.85	辽阳市	38.50	中卫市	36.43
大庆市	48.71	南昌市	43.23	景德镇	41.36	株洲市	39.85	七台河市	38.50	聊城市	36.42
鄂尔多斯	48.69	黄冈市	43.23	许昌市	41.36	岳阳市	39.83	齐齐哈尔	38.36	汕头市	36.42
天津市	48.39	芜湖市	43.04	湘潭市	41.36	海口市	39.83	鞍山市	38.09	佳木斯市	36.41
南宁市	48.38	哈尔滨市	42.82	嘉兴市	41.36	常德市	39.83	衢州市	37.96	阳江市	36.41
昆明市	48.26	洛阳市	42.81	锦州市	41.36	忻州市	39.83	舟山市	37.96	新余市	36.41
绵阳市	46.89	贵阳市	42.80	湖州市	41.36	漳州市	39.83	徐州市	37.95	朔州市	36.41
白城市	46.86	马鞍山市	42.74	扬州市	41.35	湛江市	39.83	菏泽市	37.95	茂名市	36.41
桂林市	46.38	长春市	42.59	台州市	41.35	娄底市	39.82	淮安市	37.95	防城港市	36.41
潮州市	46.16	兰州	42.59	安庆市	41.35	咸阳市	39.82	玉林市	37.95	张家界市	36.41
西安市	46.15	石家庄市	42.58	江门市	41.35	黄石市	39.82	泸州市	37.94	辽源市	36.41
榆林市	46.13	西宁市	42.58	德阳市	41.35	衡阳市	39.82	萍乡市	37.94	日照市	36.41
广州市	46.04	廊坊市	42.56	三亚市	41.35	淄博市	39.82	宜宾市	37.94	阜阳市	36.41

续表

名称	指数	名称	指数	名称	指数	名称	指数	名称	指数	名称	指数
福州市	46.03	四平市	42.55	吉林市	41.34	邢台市	39.82	益阳市	37.94	武威市	36.41
重庆市	46.02	肇庆市	42.09	营口市	41.34	泰安市	39.82	宁德市	37.93	枣庄市	36.40
十堰市	45.71	吕梁市	42.08	呼和浩特	41.31	周口市	39.82	莱芜市	37.93	鸡西市	36.40
滁州市	45.03	葫芦岛市	42.05	乌鲁木齐	41.31	盘锦市	39.82	自贡市	37.93	眉山市	36.40
柳州市	44.93	张家口市	42.05	太原市	41.29	滨州市	39.82	宣城市	37.93	商丘市	36.40
南通市	44.91	汉中市	42.03	九江市	41.29	平顶山市	39.81	莆田市	37.93	永州市	36.40
梅州市	44.82	惠州市	41.94	百色市	41.28	新乡市	39.81	张掖市	37.88	达州市	36.40
珠海市	44.81	丽江市	41.93	赣州市	41.27	濮阳市	39.81	酒泉市	37.86	保山市	36.40
厦门市	44.79	河源市	41.91	呼伦贝尔	41.27	临沂市	39.81	毕节市	37.85	贵港市	36.40
雅安市	44.75	通化市	41.60	乌兰察布	41.26	晋中市	39.81	平凉市	37.84	信阳市	36.40
蚌埠市	44.24	吉安市	41.51	运城市	41.25	遵义市	39.81	贺州市	37.84	钦州市	36.40
武汉市	44.16	连云港市	41.49	揭阳市	41.25	庆阳市	39.80	陇南市	37.84	鄂州市	36.40
长沙市	44.15	牡丹江市	41.49	天水市	40.71	驻马店市	39.80	铜仁市	37.84	巴中市	36.39
沈阳市	44.13	三门峡市	41.48	北海市	40.70	松原市	39.79	金昌市	37.45	漯河市	36.39
丽水市	44.13	普洱市	41.48	海东市	40.68	渭南市	39.79	商洛市	37.33	内江市	36.38
镇江市	44.11	池州市	41.48	伊春市	40.22	襄阳市	39.16	嘉峪关市	37.22	遂宁市	36.38

续表

名称	指数	名称	指数	名称	指数	名称	指数	名称	指数	名称	指数
郑州市	44.10	广元市	41.48	石嘴山市	40.17	乐山市	39.15	玉溪市	37.22	资阳市	36.38
丹东市	44.08	淮南市	41.46	孝感市	40.16	沧州市	38.97	承德市	37.22	通辽市	36.25
南京市	43.63	淮北市	41.46	龙岩市	40.08	东莞市	38.90	河池市	37.21	本溪市	35.35
焦作市	43.57	成都市	41.46	宜昌市	40.07	黄山市	38.88	上饶市	37.20	荆州市	35.33
黑河市	43.54	杭州市	41.41	三明市	40.06	攀枝花市	38.75	宝鸡市	36.66	南平市	35.11
宜春市	43.52	苏州市	41.40	梧州市	40.06	阳泉市	38.73	六安市	36.65	随州市	35.11
安康市	43.50	宁波市	41.39	荆门市	40.05	安顺市	38.66	铜陵市	36.65	抚州市	35.11
中山市	43.48	青岛市	41.39	郴州市	40.05	来宾市	38.62	盐城市	36.65	汕尾市	35.11
晋城市	43.47	佛山市	41.38	韶关市	40.05	银川市	38.55	乌海市	36.65	临沧市	35.11
东营市	43.43	大连市	41.38	南阳市	40.05	秦皇岛市	38.54	宿迁市	36.65	巴彦淖尔	35.10
克拉玛依	43.42	无锡市	41.38	安阳市	40.05	长治市	38.53	崇左市	36.65	广安市	35.10
包头市	43.41	合肥市	41.38	鹤壁市	40.05	曲靖市	38.52	白山市	36.64	宿州市	35.09
怀化市	43.38	济宁市	41.38	阜新市	40.04	延安市	38.52	朝阳市	36.64	昭通市	35.09
泉州市	43.38	威海市	41.38	固镇市	39.98	邵阳市	38.52	抚顺市	36.63	定西市	34.93
邯郸市	43.37	烟台市	41.37	赤峰市	39.96	临汾市	38.52	鹤岗市	36.63	双鸭山市	31.80
德州市	43.36	金华市	41.37	铜川市	39.94	铁岭市	38.51	咸宁市	36.63	绥化市	31.46

指数及分项模块指数的高低代表着产城融合驱动的总体与局部优劣。

1. 总体分析

根据表 5-4 可以得出，2015 年中国地级及以上城市产城融合驱动综合指数的平均值为 40.21，标准差为 3.29，产城融合驱动综合指数除了排名最后两名的双鸭山市和绥化市低于 33 处于较差状态外，其余各城市的驱动综合指数都在 33—66，处于中等状态，这说明我国产城融合驱动整体相对较低。驱动综合指数最高的是北京市，综合指数为52.24，其分项模块产业发展指数为 56.41，城市功能指数为 33.11，联动桥梁指数为 62.98，虽然都处于中等状态，但城市功能指数还是远低于联动桥梁指数，说明北京市的城市功能还需要进一步提升。产城融合驱动综合指数最低的是绥化市，综合指数为 31.46，处于较差状态，其分项模块产业发展指数为 34.16，城市功能指数为 33.09，联动桥梁指数为 28.07，联动状态处于较差状态。

北京市的产城融合驱动综合指数是绥化市的 1.66 倍，其中，产业发展指数相差 1.65 倍，城市功能指数基本一致，联动指数相差 2.24倍，对比可知，在产城融合驱动方面，各城市之间的差异度不是很大，产城融合驱动综合指数最大与最小之间只有不到 2 倍的差距，而且在城市功能维度方面产城融合驱动还非常接近，但是在城市与产业的联动方面，排名落后的城市处于较差状态，说明绥化市促进产业与城市融合的主要驱动力还较弱，在科技创新、公共服务等方面还有较大的上升空间。

在分项模块指数中，产业发展指数最高的是大庆市，指数为62.16，属于中等状态，最低的是沧州市，其指数为 20.68，属于较差状态，二者相差 3.01 倍；城市功能指数最高的是潮州市，指数为66.74，属于良好状态，最低的是双鸭山市，其指数为 16.41，属于较差状态，二者相差 4.07 倍；联动桥梁指数最高的是深圳市，其指数为68.11，属于良好状态，最低的是绥化市，其指数为 28.07，属于较差状态，二者相差 2.42 倍。不难看出，在产城融合驱动的各维度方面，城市之间的驱动等级呈现出不同的等级状态，这说明城市与产业的融合驱动在不同维度之间有着较为明显的差异，不同维度排名最高与最低城市之间的差异也不同，既有差距跨越三个等级的，也有差距较小的，不同城市针对各自维度上的问题进行改善，将会提升整个产城融合的驱动。

2. 不同城市规模产城融合驱动分析

随着工业化与城市化进程的推进，城市规模也在逐渐扩大，对应着城市规模的逐渐扩大，产城融合的整体程度也会发生一定的变化。城市规模通常以城市人口规模来表示，2014 年 11 月 20 日，国务院发布《关于调整城市规模划分标准的通知》①，正式调整我国城市规模划分标准。根据调整后城市规模划分标准，基于表 5 - 4 基础上计算得出各不同规模城市的平均指数见表 5 - 5。产城融合驱动总体而言在工业化与城市化的变化过程中逐渐提升，而且在各维度上也呈现出逐渐提升的特征。

表 5 - 5　　　　　　　　不同规模城市产城融合驱动指数

城市规模	产业发展指数	城市功能指数	联动桥梁指数	综合驱动指数
超大城市	52.12	31.98	56.89	48.16
特大城市	38.82	33.07	54.56	43.34
大城市	36.31	33.79	48.45	40.35
中城市	35.40	33.55	47.82	39.74
小城市	37.00	32.75	46.95	39.68

由表 5 - 5 可知，产城融合驱动综合指数最高的是超大城市，其驱动指数为 48.16；其次是特大城市，驱动指数为 43.34，再次是大城市，驱动指数为 40.35；中等城市的驱动指数为 39.74；最后是小城市，综合状态指数为 39.68。数据说明产城融合驱动呈现出小、中城市—大城市—特大城市—超大城市空间规模的渐次递增格局，符合产城融合驱动

---

①　根据《关于调整城市规模划分标准的通知》，我国城市规模按照城区常住人口划分为五类七档。城区常住人口在 50 万以下的城市为小城市，其中大于等于 20 万小于 50 万的城市为 I 型小城市，小于 20 万的城市为 II 型小城市；城区常住人口大于等于 50 万小于 100 万以下的城市为中等城市；城区常住人口大于等于 100 万小于 500 万的城市为大城市，其中大于等于 300 万小于 500 万的城市为 I 型大城市，大于等于 100 万小于 300 万的城市为 II 型大城市；城区常住人口大于等于 500 万小于 1000 万的城市为特大城市；城区常住人口在 1000 万以上的城市为超大城市。

的逐渐递增的变化，超大城市虽然存在承载压力过大带来的大城市病，出现功能指数最低的现象，但是在产业发展和联动驱动上还是远远高于其他类型城市而具有绝对优势，超大城市作为城市人口、资源及产业集聚地，在生产与服务各领域表现出资源配置的高效、科学技术的进步、公共服务的完善以及发展环境的开放性等特征，为产业发展与城市建设的融合提供了有效的保障。

特大城市与超大城市极其类似，也存在居住、就业、交通等过大压力，呈现出城市功能指数较低的现象，但在产业发展和联动驱动等方面比大中小城市具有比较优势，因此综合指数虽低于超大城市但却高于其他类型城市。其他大中小不同规模城市的产城融合驱动综合指数较为接近，同时这些规模的城市在产业发展、城市功能及联动驱动上具有一定的相似性，但对比超大及特大城市还存在产业结构、产业组织及科技进步与服务环境的相对弱化，产业发展方式与城市功能还需进一步调整与升级。小城市的产城融合驱动综合指数虽低于其他类型城市，但在产业发展方面还高于大中城市，在城市功能方面高于超大城市，这说明小城市在产业生产上具有一定的竞争力，在城市生活上具有较小压力等特点。

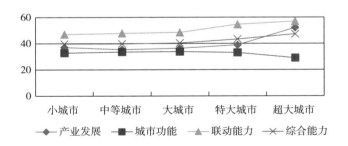

图 5-1　产城融合驱动与城市规模

根据表 5-5 作图 5-1，可直观看出，不同规模城市产城融合的综合驱动与各模块指数总体而言较为一致，呈现出逐渐上升的趋势，只有城市功能指数表现略有下降的趋势，这说明超大城市的承载驱动在人口、资源与环境的多重压力下力不从心，使产城融合综合驱动有所降低，但总体而言还是高于其他规模类型的城市，呈现出逐渐递增的形态。不同规模城市在产业资源、产业结构、产业布局与组织上有不同程度的差异，同时不同规模城市在经济与生活中也存在一定差距，城市的科技状态及服务环境也大为不同。因此，只有通过合理配置各项资源，强化科技创新，改善城市经济与生活状态，完善城市发展环境，通过发挥产城融合驱动，不断自我强化，形成产城融合状态等级与驱动体现的良性循环，进一步提升产城融合程度。

3. 不同区域产城融合驱动分析

我国地级及以上城市的产城融合驱动在四大区域间的差异不大，且都处于中等状态（见表 5-6），虽然产城融合驱动在各区域的平均状态差异不大，但是在分项模块及个体城市还是存在一定的距离，分析区域产城融合驱动对于提升区域产城融合状态具有重要意义。

表 5-6　　　　　　　　　分区域产城融合驱动指数

地区名称	产业发展指数	城市功能指数	联动桥梁指数	综合驱动指数
东部地区	37.73	34.23	50.49	41.72
中部地区	37.62	33.07	49.06	40.79
西部地区	35.66	33.27	45.97	39.64
东北地区	35.37	32.58	46.71	39.01

由表 5-6 可知，在区域产城融合驱动指数综合排名中，东部地区的产城融合驱动的平均指数最高，指数为 41.72，其次是中部地区，产城融合驱动指数为 40.79，再次是西部地区，产城融合驱动指数为 39.64，最后是东北地区，产城融合驱动指数为 39.01；产业发展指数最高的是东北地区，指数为 37.73，最低的是东北地区，指数为 35.37；城市功能指数最高的是东部地区，指数为 34.23，最低的是东北地区，指数为 32.58，处于较差状态；联动桥梁指数最高的还是东部地区，指数为 50.49，最低的是西部地区，指数为 45.97。数据显示，东北地区与西部地区的产城融合驱动对比东中部地区相对落后，形成东部地区—中部地区—西部地区—东北地区逐渐更弱的梯度空间分布格局。这是由于东中部地区市场经济较为发达，创新制度与文化环境较为开放与活

跃，城市之间具有较强的交融力，产业与城市之间相互依存与补充的驱动较强，产城融合驱动高于西部和东北地区。西部地区和东北地区产城融合驱动较弱的主要原因是因为这些区域的经济发展的整体效率与综合效益较低，地区间的经济联系缺乏合理的专业分工，产业结构有待升级，粗放型经济增长特征明显，同时在城市功能上也由于受到经济区位、市场配置等条件的制约而出现落后局面，再加上公共服务及制度环境等因素的不利影响，由此造成西部与东北地区的产城融合驱动相对落后于中东部地区。

根据表 5 - 6 作图 5 - 2，可以直观看出，产城融合驱动综合指数与分项模块指数均呈现出东中强—西部弱—东北更弱的分别格局，这说明不同区域产城融合驱动有一定差异，但差异并不是很大，曲线变化较为平缓，除了东北地区城市功能指数低于 33，处于较差状态外，其他各类指数均处于中等状态。产城融合驱动对于产城融合状态有着重要的影响。因此，遵循产城融合发展机制原理，明确各自区域的优势与劣势，抓住机遇与挑战，通过区域城市产城融合驱动带动城市产业发展与城市建设，形成产城融合状态与驱动的匹配与互促，全面提升区域城市的产城融合综合发展程度就显得尤为重要。

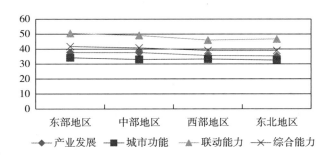

图 5 - 2　不同区域产城融合驱动指数

五　全国产城融合状态测度与差异性分析

（一）因子分析检验与结果

依据产城融合状态测度指标体系，运用 SPSS 软件运算分析，经过数据标准化及检验修正后，指标数据的 KMO 测定数值为 0.764，Bart-lett 检验在 0.01 状态上呈现出显著相关，因此，最终确定 30 个指标进行因子分析，将 30 个指标变量降幂得到 14 个公共因子，分别是生产投入与产出、居住环境、经济规模与效率、工业能耗状态、生态环境、劳动效率、社会公共事业、财政收入、投资结构、生活消费、环境治理、城市卫生、教育与医疗服务、基础设施建设。累计贡献率达 81.599%，符合因子分析要求，同时与评价指标体系相比因子变量的内容几乎可以涵括指标体系的各个方面，这表明指标体系构建的内容与实证研究结果基本符合，具备理论及实践的应用合理性（见表 5-7）。

表 5-7　　　　　　　　　　因子分析解释总方差

因子数	提取平方和载入			旋转平方和载入		
	特征值	方差贡献率	累计贡献率	特征值	方差贡献率	累计贡献率
1	6.51	21.7	21.7	4.907	16.357	16.357
2	3.165	10.551	32.251	2.464	8.215	24.572
3	2.087	6.956	39.208	2.239	7.463	32.035
4	1.809	6.03	45.238	2.071	6.904	38.939
5	1.628	5.426	50.664	2.028	6.761	45.7
6	1.33	4.433	55.097	1.773	5.911	51.611
7	1.189	3.963	59.061	1.263	4.212	55.822
8	1.14	3.801	62.862	1.186	3.954	59.776
9	1.095	3.65	66.511	1.173	3.909	63.685
10	1.045	3.482	69.993	1.103	3.676	67.361
11	0.954	3.181	73.174	1.09	3.634	70.996
12	0.887	2.956	76.129	1.088	3.628	74.624
13	0.863	2.877	79.006	1.069	3.563	78.187
14	0.778	2.592	81.599	1.024	3.412	81.599

（二）状态测度指标权重确定

通过对全国 288 个地级及以上城市产城融合状态测度指标体系的因子分析，本书 f_{ij} 为第 i 座城市第 j 项因子的因子得分，其中 $i = 1$，2，…，288；$j = 1$，2，…，14。经过前述数据处理得出 288 个城市的

14 个因子的熵值 e_j、差异性系数 d_j 和指标权重 w_j，具体见表 5 - 8。

表 5 - 8　　　　　　　　产城融合状态测度指标的熵值和权重

次序	因子名称	熵值 e_j	差异性系数 d_j	指标权重 w_j
f_1	生产投入与产出	0.935	0.065	0.200
f_2	居住环境	0.973	0.027	0.084
f_3	经济规模与效率	0.995	0.005	0.016
f_4	工业能耗状态	0.999	0.001	0.004
f_5	生态环境	0.996	0.004	0.011
f_6	劳动效率	0.984	0.016	0.048
f_7	社会公共事业	0.991	0.009	0.028
f_8	财政收入	0.966	0.034	0.103
f_9	投资结构	0.978	0.022	0.067
f_{10}	生活消费	0.973	0.027	0.083
f_{11}	环境治理	0.958	0.042	0.129
f_{12}	城市卫生	0.993	0.007	0.022
f_{13}	教育与医疗服务	0.972	0.028	0.086
f_{14}	基础设施建设	0.962	0.038	0.118

在表 5 - 8 基础上还可以分类计算出四大模块的权重（见表 5 - 9）。

表 5 - 9　　　　　　　　产城融合状态模块权重

模块名称	资源与效率	生产与生活	居住与服务	经济与环境
模块权重	0.171	0.351	0.317	0.161

（三）产城融合状态测度结果与差异性分析

根据实证经过数据处理的各因子得分与各因子指标权重，代入产城融合状态测度模型，由此计算出 288 个产城融合状态综合指数（见表 5 - 10）。根据因子指标含义归类计算四大模块指数详见附录 2，综合指数及模块指数的高低代表着产城融合状态的总体与局部优与劣。

表 5 – 10 288 个城市产城融合状态综合指数

名称	指数	名称	指数	名称	指数	名称	指数	名称	指数	名称	指数
深圳市	54.94	吴忠市	40.09	防城港市	37.73	自贡市	37.14	连云港市	36.15	金昌市	35.40
北京市	51.71	邵阳市	40.08	中山市	37.72	咸宁市	37.14	株洲市	36.15	云浮市	35.40
上海市	50.76	蚌埠市	40.07	龙岩市	37.72	莱芜市	37.14	黄石市	36.14	河源市	35.40
重庆市	48.11	保定市	40.06	衢州市	37.72	漯河市	37.14	安庆市	36.14	鹤岗市	35.39
盘锦市	46.01	肇庆市	39.72	百色市	37.72	牡丹江市	37.06	衡阳市	36.14	鸡西市	35.38
安康市	45.34	吕梁市	39.71	鹤壁市	37.72	长春市	37.03	太原市	36.14	陇南市	35.34
乌海市	45.26	马鞍山市	39.70	三亚市	37.72	通辽市	37.02	贵阳市	36.14	广元市	35.22
六盘水市	44.90	上饶市	39.23	武威市	37.72	泸州市	37.00	绵阳市	36.13	晋城市	35.22
桂林市	44.37	大庆市	39.00	襄阳市	37.72	崇左市	37.00	三明市	36.13	伊春市	35.22
宜春市	43.79	西宁市	38.99	濮阳市	37.71	乐山市	36.99	温州市	36.13	汉中市	35.21
广州市	43.74	常德市	38.98	泰州市	37.71	资阳市	36.98	淮南市	36.13	延安市	35.21
徐州市	43.71	潮州市	38.94	白银市	37.71	东营市	36.84	新乡市	36.13	孝感市	35.20
天津市	43.51	黄山市	38.91	眉山市	37.71	来宾市	36.80	许昌市	36.13	安阳市	35.20
湘潭市	43.46	江门市	38.68	荆门市	37.71	抚州市	36.79	承德市	36.13	周口市	35.20
成都市	43.18	柳州市	38.61	酒泉市	37.71	黑河市	36.79	舟山市	36.13	六安市	35.20
杭州市	43.18	北海市	38.39	梧州市	37.71	毕节市	36.79	七台河市	36.13	邢台市	35.20
武汉市	42.82	淄博市	38.11	朝阳市	37.71	赤峰市	36.79	怀化市	36.12	达州市	35.20
攀枝花市	42.77	大连市	38.11	白山市	37.70	广安市	36.79	漳州市	36.12	玉林市	35.19
岳阳市	42.61	无锡市	38.11	钦州市	37.70	宜宾市	36.79	渭南市	36.12	曲靖市	35.19
沈阳市	42.25	包头市	38.10	永州市	37.70	贺州市	36.78	张掖市	36.12	运城市	35.19
玉溪市	42.24	新余市	38.10	石嘴山市	37.60	遂宁市	36.77	遵义市	36.12	临沧市	35.19
南京市	42.11	绍兴市	38.10	潍坊市	37.43	嘉峪关市	36.77	驻马店市	36.12	巴中市	35.18
德州市	42.00	日照市	38.10	唐山市	37.42	湛江市	36.64	普洱市	36.11	荆州市	35.04
萍乡市	41.89	常州市	38.09	淮安市	37.37	海东市	36.64	河池市	36.11	铜仁市	34.98
鄂州市	41.68	淮北市	38.09	盐城市	37.37	贵港市	36.61	池州市	36.10	葫芦岛市	34.87
丽水市	41.67	德阳市	38.09	吉林市	37.36	济南市	36.54	茂名市	36.06	洛阳市	34.87
丽江市	41.66	济宁市	38.09	宿迁市	37.36	福州市	36.52	张家界市	35.92	大同市	34.87
吉安市	41.65	松原市	38.09	南平市	37.36	珠海市	36.52	台州市	35.81	南充市	34.86
滁州市	41.47	九江市	38.09	佳木斯市	37.35	十堰市	36.51	平顶山市	35.80	汕头市	34.86
榆林市	41.25	镇江市	38.09	庆阳市	37.35	抚顺市	36.50	长治市	35.79	呼伦贝尔	34.85
固竭市	41.12	辽阳市	38.08	阳泉市	37.34	秦皇岛市	36.50	石家庄市	35.78	衡水市	34.85

续表

名称	指数	名称	指数	名称	指数	名称	指数	名称	指数	名称	指数
商洛市	41.06	铜陵市	38.07	保山市	37.33	滨州市	36.50	锦州市	35.78	兰州市	34.70
亳州市	41.05	营口市	38.07	沧州市	37.29	海口市	36.50	韶关市	35.76	东莞市	34.70
齐齐哈尔	40.94	本溪市	38.07	金华市	37.26	南昌市	36.50	平凉市	35.75	赣州市	34.67
银川市	40.94	莆田市	38.07	青岛市	37.20	嘉兴市	36.49	定西市	35.75	丹东市	34.52
扬州市	40.84	辽源市	38.06	宜昌市	37.18	景德镇市	36.49	廊坊市	35.72	阜阳市	34.49
南通市	40.80	宁德市	38.06	烟台市	37.18	鞍山市	36.49	郑州市	35.59	清远市	34.49
邯郸市	40.78	朔州市	38.03	铜川市	37.18	郴州市	36.49	临沂市	35.59	商丘市	34.47
张家口市	40.76	佛山市	37.78	宝鸡市	37.17	随州市	36.49	湖州市	35.59	信阳市	34.47
梅州市	40.70	苏州市	37.77	雅安市	37.16	通化市	36.48	三门峡市	35.58	绥化市	34.47
乌鲁木齐	40.60	宁波市	37.75	泰安市	37.16	内江市	36.42	威海市	35.57	晋中市	34.46
咸阳市	40.48	芜湖市	37.75	聊城市	37.16	中卫市	36.40	乌兰察布	35.56	宿州市	34.01
西安市	40.46	娄底市	37.75	菏泽市	37.16	双鸭山市	36.33	宣城市	35.54	忻州市	33.80
昆明市	40.45	长沙市	37.75	枣庄市	37.15	四平市	36.26	哈尔滨市	35.47	临汾市	33.77
南宁市	40.45	克拉玛依	37.75	益阳市	37.15	昭通市	36.26	阜新市	35.42	天水市	33.75
泉州市	40.41	鹰潭市	37.73	铁岭市	37.15	揭阳市	36.26	黄冈市	35.41	白城市	33.75
安顺市	40.35	惠州市	37.73	阳江市	37.14	合肥市	36.16	南阳市	35.41	汕尾市	33.59
焦作市	40.25	呼和浩特	37.73	巴彦淖尔	37.14	厦门市	36.16	开封市	35.40	鄂尔多斯	33.50

1. 总体分析

根据表 5 - 10 可以得出，2013 年中国地级及以上城市产城融合状态综合指数的平均值为 37.68，标准差为 2.89，产城融合状态整体指数都在 33—66，处于中等状态，这也符合我国城市产城融合演进特征，在工业化阶段产城融合的状态相对较低。状态综合指数最高的是深圳市，其综合指数为 54.94，分项模块指数中，资源与效率指数为 50.16，生产与生活指数为 70.74，居住与服务指数为 45.43，经济与环境指数为 44.32；产城融合综合指数最低的是鄂尔多斯市，其综合指数为 33.50，资源与效率指数为 53.47，生产与生活指数为 7.82，居住与服务指数为 47.90，经济与环境指数为 39.92；深圳市的产城融合状态综合指数是鄂尔多斯市的 1.64 倍，其中，鄂尔多斯的资源与效率指数及居住与服务指数高于深圳 3.31 个和 2.47 个百分点，但是其生产与消费得分却与深圳相差 9.04 倍，经济与环境得分也低于深圳 4.4 个百分点。

对比可知，在产城融合整体状态方面，各城市之间的差异度不是很大，产城融合状态综合指数最大与最小之间只有不到 2 倍的差距，但是在不同维度方面城市的产城融合状态还是呈现出较大差异，排名落后的城市在生产与消费维度上还有非常大的上升空间，鄂尔多斯的生产与消费合理化是要着重改善产业结构，引导居民向生产服务型产业转化，而不是单一房地产带动的消费扩张，经济与环境的融合也不仅仅只是生态环境的影响，城市的市场及文化环境也是呈现出不同产城融合状态的重要因素。

从分项模块指数来看，资源与效率指数最高的是徐州市，其指数为 84.44，属于良好状态，最低的是汕尾市，其指数为 24.10，属于较差状态，二者相差 3.5 倍；生产与消费指数最高的是北京市，其指数为 71.34，属于良好状态，最低的是鄂尔多斯市，其指数为 7.82，属于较差状态，二者相差 9.12 倍；居住与服务指数最高的是盘锦市，其指数为 61.05，属于中等状态，最低的是宿州市，其指数为 24.34，属于较差状态，二者相差 2.5 倍；经济与环境指数最高的是宜春市，其指数为 97.66，属于良好状态，最低的是铜仁市，其指数为 33.13，属于中等状态，二者相差 2.94 倍。不难看出，在产城融合发展状态的各维度方面，城市之间的等级状态不再是一致的中等状态，而是呈现出不同的等级状态，这说明城市与产业的融合在不同维度之间优劣有别，不同维度排名最高与最低城市之间的差异也不同，有接近 10 倍差距的，也有差距较小的，不同维度上的提升空间直接影响产城融合状态指数的大与小。由此可知，排名落后城市应全面改善各维度的融合状态，才能相应地提升产城融合整体状态。

另外还需说明的是产城融合状态与驱动具有相关性，二者的 Pearson 相关性为 0.318，在双侧检验 0.01 状态上显著相关，但这并不代表二者是完全对应的关系，比如在产城融合状态排名最后的鄂尔多斯市，在产城融合驱动排名中排在第六名，出现这种情况一是因为产城融合状态与驱动测度指标各成体系，各有侧重；二是因为鄂尔多斯市于 2004 年启动建设的康巴什新区因为人气不足、房屋空置率高等问题继而造成主城主导产业竞争力下降、社会问题突出等现象，直接影响产城融合状态。但是，康巴什新区只是由于产业发展未能实现与城市建设的同步前进导致新区交通不便和人口稀疏，产城脱离的康巴什新区规划建设面积只有 32 平方公里，它不代表鄂尔多斯的全部，这从产城融合驱动测度结果也可以看出。鄂尔多斯市是 2001 年经国务院批准正式由伊克昭盟更名的地级市，2015 年行政区土地面积为 86752 平方公里，市辖区面积为 2530 平方公里，总人口为 204.51 万人，市辖区人口为 28.9 万人，全市人均生产总值为 256877 元，市辖区人均生产总值更是高达 326030元。鄂尔多斯市近十几年的发展非常迅速，在经济实力、城市生活状态及发展环境等方面都有长足的发展，显示出驱动的突出，但也存在面临资源型城市转型的问题，其中难免存在"拔苗助长"的问题（聂翔宇，2013）。同时这样的排名也有一些指标因为不可获得性而没有计算在内的原因，总之，本书选取的指标虽不可避免对于极个别城市的特殊性有失偏差，但基本较为全面与客观地概括出这些城市的产城融合程度，为城市化进程中产业发展和城市建设提供相应发展的依据。

2. 不同城市规模产城融合状态分析

全国地级及以上城市产城融合状态指数显示，深圳、北京、上海等超大城市的产城融合状态排名居前，出现这种情况的原因：一是因为部分指标的数据缺乏，如空气污染指数及通勤成本等，这些指标数据的缺乏使大城市病的影响相对降低；二是大城市的工业化进程完成较好，生产与消费进入较高阶段；三是产城融合和城市规模与发展阶段有着相关联系，大城市的规模效应起到一定作用。

根据城市规模划分标准，基于表 5－10 基础上计算得出各不同规模城市的平均指数见表 5－11。

表 5－11　　　　　不同规模城市产城融合状态指数

城市规模	资源与效率	生产与生活	居住与服务	经济与环境	综合状态
超大城市	40.15	71.15	39.93	42.76	51.38
特大城市	37.83	44.55	34.00	46.17	40.32
大城市	40.91	33.26	35.48	47.22	37.53
中城市	39.31	33.30	36.23	46.21	37.34
小城市	39.26	33.29	36.40	44.96	37.18

由表 5 - 11 可知，产城融合状态综合指数最高的是超大城市，其状态指数为 51.38；其次是特大城市，状态指数为 40.32；再次是大城市，状态指数为 37.53；中等城市的状态指数为 37.34；最后是小城市，状态指数为 37.18。数据说明产城融合状态呈现出小中城市—大城市—特大城市—超大城市空间规模的渐次递增分布格局，超大城市虽然存在承载压力过大带来的膨胀病，但还是在生产与生活、居住与服务等方面远远高于其他类型城市，具有绝对优势，超大城市作为城市辐射中心，具有人口、资源及产业集聚力量，表现出生产效率的领先、消费效用的提升、公共服务的完善及发展环境的开放多元等特征，在产业发展与城市建设的融合过程中为进一步加快可持续发展奠定了坚实的基础，但是超大城市的经济过度增长也会带来各方面环境的压力，出现这一维度上的降低。

特大城市和超大城市极其类似，也存在交通就业等压力过大带来的都市病，居住与服务状态较弱，但在要素资源、经济生产、生活消费状态等方面比大中小城市具有比较优势，因此综合指数虽低于超大城市却高于其他类型城市。其他大中小不同规模城市的产城融合状态综合指数非常接近，表明这些规模的城市在产业发展和城市功能上具有一定的相似性，但对比超大及特大城市还存在工业化与城镇化的相对弱化、发展方式还需进一步转变、产业发展亟待调整与升级等一系列问题，小城市的产城融合状态综合指数虽低于其他类型城市，但在居住与服务及经济与环境等方面还高于特大甚至超大城市，这说明小城市具有竞争程度低、生活压力小等特点，针对问题着力加强薄弱环节并发挥各自优势是提升不同规模城市产城融合的关键。

不同规模城市产城融合的综合状态与各模块指数总体而言较为一致，呈现出逐渐上升的趋势，只有经济与环境模块的状态指数表现出先升后降的趋势，这也可以理解为经济先行带来环境破坏的结果，较整体状态提前进入波峰后的下降，说明产城融合的状态是不断变化的波浪形态（见图 5 - 3）。各不同规模城市应充分提高资源的利用程度，科学合理配置资源，强化技术创新，改善城市居民生活状态，完善社会经济发展环境，进一步提升产城融合程度。

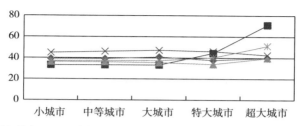

图 5 – 3　产城融合状态与城市规模

3. 不同区域产城融合状态分析

我国地级及以上城市的产城融合状态在四大区域间的差异不大，且都处于中等状态（见表 5 – 11），这说明我国区域间的不平衡主要不是由于城市差异造成的，而是广大农村地区的巨大差异所导致，经济二元性问题依然是区域协调发展的关键所在。虽然产城融合状态在各区域的平均状态差异不大，但个体城市还是存在一定的距离，分析区域产城融合状态对于促进区域协调发展具有重要意义。

表 5 – 12　　　　　　　　　　分区域产城融合状态指数

地区分类	资源与效率	生产与生活	居住与服务	经济与环境	综合状态
东部地区	40.56	35.46	35.36	46.99	38.16
中部地区	38.68	33.51	35.80	46.45	37.85
西部地区	40.62	33.78	36.33	46.75	37.21
东北地区	39.36	33.65	36.64	43.46	37.16

由表 5 – 12 可知，在区域产城融合状态指数综合排名中，东部地区的产城融合状态的平均指数最高，指数为 38.16，其次是中部地区，产城融合状态的平均指数为 37.85，再次是西部地区，产城融合状态平均指数为 37.21，最后是东北地区，产城融合状态平均指数为 37.16，与西部地区的平均指数仅仅只相差 0.05。可见，中部地区与东北地区的产城融合状态程度对比东西部地区相对落后，形成东部地区—西部地区—中部地区—东北地区逐渐更弱的梯度空间分布格局。这是由于中国

区域差异较大，经济社会发展不平衡所导致，西部地区的产城融合状态略高于中部地区的主要原因是因为西部大开发战略的实施与相对良好的自然资源，东北地区由于受到政策、观念、区位、市场等条件的制约，产业生产要素的利用率较低，技术创新较为缓慢，制度环境构建落后，由此造成经济社会发展中工业化与城镇化状态相对较低，产城融合程度也低于中国其他地区。

由图 5－4 可以直观看出，产城融合状态有一定差异，但差异并不是很大，曲线变化较为平缓，各类指数均处于中等状态。产城融合状态综合指数与分项模块指数总体呈现出东西强—中部弱—东北更弱的分布格局。这说明西部地区因为地域广阔，资源丰富，人口较少，再加上西部大开政策实施等因素的影响，在产城融合状态上比中部地区强。今后，各区域还应加快建设与发展以产城协调化、城乡一体化、生态宜居化为基本特征的城市发展新形态，促进各不同规模城市的产城融合发展，实现城市、产业、人口、资源等融合发展的新格局。

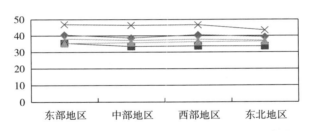

图 5－4　不同区域产城融合状态

第二节　陕西省产城融合的测度及差异性分析

一　研究对象选取说明

上一节全国地级及以上城市产城融合的测度是基于截面数据测度的，为了产城融合进一步实证研究的需要还需要有面板数据的支撑，所以选取笔者所在省份陕西省县级及以上城市作为研究的对象，测度这些城市历年的产城融合驱动能力与状态水平。研究对象选取的是 2000 年至 2016 年陕西省 13 个县级及以上城市，具体包括西安、铜川、宝鸡、咸阳、渭南、延安、汉中、榆林、安康、商洛十个地级及以上全市及市辖区和三个县级市兴平、韩城、华阴。①

二　数据来源说明

本书这一部分所取用的数据主要来源于：2001—2016 年《中国城市统计年鉴》《中国区域经济统计年鉴》《陕西省统计年鉴》，部分城市国民经济与社会发展统计公报、中华人民共和国统计局官网、国研网统计数据库网等。

三　陕西省产城融合测度的因子分析与权重确定

（一）因子分析

依据产城融合驱动与状态指标体系，运用统计软件进行数据处理与指标变量检验后，驱动指标数据的 KMO 测定数值为 0.781，同时 Bartlett 检验在 0.01 的水平上显示出显著相关，因此最终确定为 25 个指标变量进行因子分析，将 25 个指标变量降维得到 7 个公共因子，分别是要素质量、城市规模、科技进步、产业结构与组织、教育医疗服务、城市生活、生态环境，累计贡献率已达 82.607%。状态指标数据的 KMO 测定数值为 0.828，同时 Bartlett 检验在 0.01 的水平上显示出显著相关②，因此最终确定为 26 个指标变量进行因子分析，将 26 个指标变量降维得到 8 个公共因子，分别是资源投入、居住环境、经济规模、产出效率、生活消费、产出能耗、环境治理与保护、城市公共服务，累计贡献率已达 83.471%。一般认为当累计贡献率达 80% 以上就是较好的因子分析结果，分别与评价指标体系相对比，尽管个别指标的特性归属略有变动，但因子变量的内容几乎涵括了指标体系的各方面，这说明驱动

---

① 2017 年 4 月 10 日，经国务院批准，撤销神木县，设立县级神木市，但因数据选取为 2000—2015 年，所以未将神木市作为研究对象。

② KMO 值和 Bartlett 检验的判断标准是 KMO 值大于 0.7，Bartlett 检验的卡方值至少在 0.05 水平以上显著。

与状态指标体系设计的内容具备合理性（分别见表 5 – 13、表 5 – 14、表 5 – 15）。

表 5 – 13 KMO 和 Bartlett 检验

驱动指标 KMO 和 Bartlett 检验	状态指标 KMO 和 Bartlett 检验
取样足够度的 Kaiser – Meyer – Olkin 度量 0.781	取样足够度的 Kaiser – Meyer – Olkin 度量 0.828
Bartlett 的球形度检验近似卡方 4839.395	Bartlett 的球形度检验近似卡方 7275.618
df 300	df 325
Sig. 0.000	Sig. 0.000

表 5 – 14 驱动指标因子分析解释总方差

因子数	提取平方和载入			旋转平方和载入		
	特征值	方差贡献率	累计贡献率	特征值	方差贡献率	累计贡献率
1	10.484	40.323	40.323	8.659	33.304	33.304
2	3.624	13.937	54.260	3.876	14.908	48.212
3	2.188	8.417	62.677	2.668	10.261	58.473
4	1.739	6.689	69.366	2.195	8.442	66.915
5	1.388	5.338	74.704	1.640	6.309	73.224
6	1.197	4.604	79.307	1.307	5.028	78.252
7	0.858	3.300	82.607	1.132	4.355	82.607

表 5 – 15 状态指标因子分析解释总方差

因子数	提取平方和载入			旋转平方和载入		
	特征值	方差贡献率	累计贡献率	特征值	方差贡献率	累计贡献率
1	9.842	39.369	39.369	4.438	17.754	17.754
2	3.315	13.262	52.631	4.114	16.455	34.209
3	2.108	8.434	61.064	3.555	14.221	48.430
4	1.452	5.806	66.870	2.759	11.037	59.467
5	1.435	5.739	72.610	1.974	7.898	67.365
6	1.075	4.301	76.910	1.499	5.997	73.362
7	0.890	3.560	80.470	1.442	5.770	79.132
8	0.750	3.000	83.471	1.085	4.339	83.471

（二）指标权重确定

根据上一章的评价模型，通过对陕西13个县级及以上城市产城融合驱动与状态指标体系的因子分析，经过前述数据处理得出陕西13个城市的产城融合驱动与状态的因子熵值 e_j、差异性系数 d_j 和指标权重 w_j，具体见表5–16、表5–17。

表5–16　　　　　　　产城融合驱动测度指标的熵值和权重

次序	因子名称	熵值 e_j	差异性系数 d_j	因子权重 w_j
f1	要素质量	0.949	0.051	0.098
f2	城市规模	0.885	0.115	0.257
f3	科技进步	0.981	0.029	0.088
f4	产业结构与组织	0.903	0.097	0.203
f5	教育医疗服务	0.937	0.063	0.141
f6	城市生活	0.975	0.025	0.076
f7	生态环境	0.917	0.083	0.138

表5–17　　　　　　　产城融合状态测度指标的熵值和权重

次序	因子名称	熵值 e_j	差异性系数 d_j	因子权重 w_j
f1	资源投入	0.948	0.052	0.210
f2	居住环境	0.968	0.032	0.151
f3	经济规模	0.964	0.036	0.172
f4	产出效率	0.985	0.015	0.046
f5	生活消费	0.980	0.020	0.081
f6	产出能耗	0.997	0.003	0.012
f7	环境治理与保护	0.949	0.051	0.200
f8	城市公共服务	0.974	0.026	0.128

根据因子意义分别计算产城融合驱动与状态分项模块权重见表5–18。

表 5-18　　　　　　产城融合驱动与状态模块权重

模块名称	驱动分项权重	模块名称	状态分项权重
产业发展	0.301	资源与效率	0.256
城市功能	0.332	生产与生活	0.253
联动因素	0.367	居住与服务	0.279
		经济与环境	0.212

四　陕西省产城融合测度结果总体分析

根据经过数据处理的各因子得分与各因子指标权重，代入产城融合状态与驱动评价模型，由此计算出 2000—2015 年陕西 13 个县级及以上城市的产城融合驱动与状态指数，2015 年的产城融合驱动与状态指数分别见表 5-19、表 5-20（其余各年的产城融合驱动与状态指数见附录 3、附录 4）。综合指数及分项模块指数的高低代表着产城融合驱动与状态的总体与局部优劣。

表 5-19　　　　　2015 年陕西各市产城融合驱动综合与分项指数

城市名称	产业发展指数	城市功能指数	联动因素指数	驱动指数
西安市	56.11	67.09	65.19	63.09
铜川市	41.68	32.89	51.57	42.39
宝鸡市	39.57	52.70	67.62	54.22
咸阳市	37.80	56.22	55.41	50.38
渭南市	41.16	44.67	56.88	48.09
延安市	55.92	47.32	52.27	51.73
汉中市	33.39	47.65	38.60	40.04
榆林市	67.28	46.26	49.99	53.95
安康市	29.01	29.35	62.41	41.38
商洛市	39.66	45.94	47.68	44.68
兴平市	20.64	41.81	34.80	32.87
韩城市	32.79	33.71	41.41	36.61
华阴市	20.59	39.56	35.81	32.47

表 5 - 20　　　　　2015 年陕西各市产城融合状态指数与分项指数

城市名称	资源与效率	生产与生活	居住与服务	经济与环境	状态指数
西安市	59.00	73.76	62.47	56.46	62.76
铜川市	31.46	54.14	40.32	46.35	42.83
宝鸡市	48.15	57.90	54.96	53.34	53.62
咸阳市	39.14	60.07	51.74	54.96	51.30
渭南市	38.34	60.65	43.55	60.14	50.06
延安市	41.21	59.61	33.51	56.25	46.90
汉中市	29.87	53.78	38.01	65.43	45.73
榆林市	47.36	55.03	49.75	54.70	51.52
安康市	27.47	63.16	42.43	62.06	48.01
商洛市	25.08	57.83	38.63	61.22	44.81
兴平市	13.25	38.54	31.64	50.40	32.91
韩城市	15.31	37.81	28.81	44.08	30.87
华阴市	17.37	47.00	32.67	54.74	37.06

根据表 5 - 19、表 5 - 20 可以得出，2015 年陕西县级及以上城市产城融合驱动与状态指数的平均值分别为 45.53 和 45.81，均处于中等水平。产城融合驱动综合指数除了排名最后两名的兴平市和华阴市低于 33 处于较差水平外，其余各城市的驱动综合指数都在 33—66，处于中等水平；陕西省产城融合状态综合指数除了排名最后两名的兴平市和韩城市低于 33 处于较差水平外，其余各城市的状态综合指数都在 33—66，也处于中等水平；这说明陕西省产城融合驱动与状态整体水平相对较低。

表 5 - 19 与表 5 - 20 显示产城融合驱动排名最低的华阴市，状态排名最低的是韩城市，分别和西安市相差 30.62 个百分点和 31.89 个百分点，另外一个县级市兴平市在驱动与状态指数排名均为倒数第二位，数据显示这三个县级市在联动因素的科技创新、公共服务及环境等方面发展相对落后，产业发展与城市功能缺乏紧密的经济联系，与特大城市西安还有较大差距，未来在促进产业与城市融合的驱动方面还有较大的上升空间。

另外需说明的是通过对陕西 13 个城市的 16 年产城融合驱动与状态

的相关测定，得出二者的 Pearson 相关性为 0.883，并在双侧检验 0.01 水平上显著相关。这表明提升产城融合驱动能力会有助于提高产城融合状态水平；反之，产城融合状态水平的改善也会促进驱动能力的提升。

五 陕西省不同城市规模产城融合分析

随着工业化与城市化进程的推进，城市规模也在逐渐扩大，对应着城市规模的逐渐扩大，产城融合的整体状态也会发生一定的变化。根据调整后城市规模划分标准，陕西省 2015 年有特大城市 1 个，大城市 2 个，中等城市 7 个，小城市 3 个[1]（见表 5-21）。

表 5-21　　　　　　2015 年陕西省县级及以上城市人口数据　　　　单位：万人

城市名称	全市人口	市辖区人口	城市名称	全市人口	市辖区人口
西安市	815.66	621.38	榆林市	377.46	57.00
铜川市	83.64	74.38	安康市	304.80	100.84
宝鸡市	384.54	142.31	商洛市	251.01	55.95
咸阳市	527.59	92.36	兴平市	61.7	61.7
渭南市	556.72	96.80	韩城市	39.9	39.9
延安市	235.50	47.23	华阴市	25.5	25.5[2]
汉中市	385.21	57.52			

资料来源：《2016 年中国城市统计年鉴》。

（一）不同城市规模产城融合分析

根据城市规模与评价指数分类得出表 5-22 与表 5-23，表中数据说明产城融合驱动与状态呈现出小城市—中城市—大城市—特大城市空间规模的渐次递增格局。西安作为特大城市虽然存在承载压力过大带来的大城市病，但是在产业发展、城市功能及联动能力上还是远远高于其

---

① 根据2015年城区（市辖区）常住人口划分，陕西省的特大城市为西安市，大城市为宝鸡市与安康市，中等城市为铜川市、咸阳市、渭南市、汉中市、榆林市、商洛市、兴平市，其余为小城市。

② 《中国城市统计年鉴》及相关统计资料中县级市未分全市与市辖区人口，因此假定全市与市辖区数据一致。

他类型城市而具有绝对优势，特大城市作为城市人口、资源及产业集聚
地，在生产与服务各领域表现出资源配置的高效，科学技术的进步、公
共服务的完善以及发展环境的开放性等特征，为产业发展与城市建设的
融合提供了有效的保障。

表 5 – 22　2015 年陕西省不同规模城市的产城融合驱动及分项指数

城市规模	产业发展指数	城市功能指数	联动因素指数	驱动指数
特大城市	56.11	67.09	65.19	63.09
大城市	39.76	43.81	64.37	50.14
中等城市	34.81	43.58	47.21	42.27
小城市	32.56	35.62	44.39	37.92

资料来源：根据城市规模分类与评价指数整理计算得出。

表 5 – 23　2015 年陕西省不同规模城市的产城融合状态及分项指数

城市规模	资源与效率	生产与生活	居住与服务	经济与环境	状态指数
特大城市	59.00	73.76	62.47	56.46	62.76
大城市	38.00	58.34	47.62	58.75	50.23
中等城市	28.98	48.32	41.46	52.78	42.35
小城市	23.37	45.71	29.78	47.92	36.02

资料来源：根据城市规模分类与评价指数整理计算得出。

基于不同城市规模的产城融合驱动与状态指数如图 5 – 5、图 5 – 6

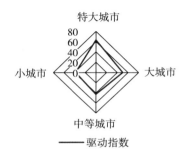

图 5 – 5　不同规模城市产城融合驱动

所示，小城市在产业发展方面、资源与效率的统一、居住与服务和谐等方面还跟不上产城融合的实际要求，提高资源使用效率，提升城市功能质量及促进产业结构调整形成新格局是小城市发展的未来方向。

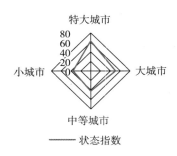

图 5 - 6　不同规模城市产城融合状态

因为驱动与状态指数的数值比较接近，所以图 5 - 5、图 5 - 6 的形态也非常相似，由图可见，陕西产城融合驱动与状态指数最高的是特大城市，其次是大城市，再次是中等城市，最后是小城市。

通过对陕西省 13 个县级及以上城市的产城融合实证测度，不难发现，陕西省各城市的产城融合驱动与状态总体状态没有在良好阶段的，在产城融合驱动与状态的各维度方面，城市之间的产城融合等级也呈现出不同的状态，西安市的生产与生活模块指数为 73.76，城市功能指数为 67.09，均处于良好阶段，而小城市的资源与效率指数仅为 23.37，居住与服务指数为 29.78，均处于较差阶段，这说明城市与产业的融合在不同城市规模与不同模块之间有着较为明显的差异，在产业发展格局、城市基础设施服务及经济与环境的联动机制等方面均存在差距，陕西各城市应针对各自维度上的问题进行改善，提升整个陕西产城融合发展状态与驱动能力。

（二）西安市产城融合分析

西安市作为陕西省省会城市和陕西省唯一的特大城市，其产城融合发展具有一定的特殊性，对西安市产城融合的简要分析可以进一步加深对陕西省产城融合差异性的理解，故此单列分析。西安市是国务院公布的首批国家历史文化名城，全市面积为 10108 平方公里，市辖区面积

3581 平方公里，2015 年年末全市常住人口 815.66 万，市辖区常住人口
621.83 万。通过表 6 - 7 与表 6 - 8 可知西安市产城融合驱动与状态指
数均排名第一，分别为 63.09 和 62.76，处于中等偏高水平。西安市产
城融合比较其他城市的优势可以从表 6 - 12 中的数据中探寻原因，西安
市制造业产值最高，服务业比例也最高，在产业发展上具有优势；从城
市的经济与生活功能角度看，西安市的人均 GDP 与人均消费在陕西省
各城市中也是最高的，生产与消费的各项经济活动对于产城融合的推进
有着重要意义。西安市虽然排名第一，但是无论产城融合状态水平还是
驱动能力仍处于中等阶段，由表 5 - 24 可知，西安市的科教占比位居第
六位，万人拥有医生数量排名第四位，人均绿地面积排名第七位，说明
在公共服务与生态环境方面，西安市还有待进一步提高。

表 5 - 24　　　2000—2015 年陕西省各个城市主要指标的平均值

城市	制造业产值	服务业比例	人均 GDP	人均消费	科教占比	万人医生	人均绿地
西安	7549527	53.02	34946	22626	1.50	30.05	17.24
铜川	681892	36.57	18757	5366	1.46	22.80	19.92
宝鸡	2342877	34.07	32987	13013	1.45	29.71	22.68
咸阳	1790092	34.74	33447	10203	0.99	34.49	20.41
渭南	484959	43.23	15090	4943	2.02	20.42	10.71
延安	551422	33.22	28289	8999	1.72	31.15	16.94
汉中	316738	46.85	17313	9288	1.44	30.78	18.47
榆林	868377	39.09	32236	6708	1.71	27.52	22.64
安康	302525	49.48	10890	4172	1.91	16.82	9.72
商洛	178062	40.86	9547	3031	1.86	17.13	17.66
兴平	364833	29.34	15848	3594	0.17	7.87	15.43
韩城	748279	20.78	23499	4013	1.33	19.14	11.92
华阴	152907	36.20	9659	3620	0.48	15.27	10.78

注：本书制造业产值为第二产业增加值减去建筑业与采掘业增加值，单位为万元，人均
GDP 和人均消费的单位为元，人均绿地面积为平方米/人。

资料来源：根据 2001—2016 年《中国城市统计年鉴》《陕西省统计年鉴》等年鉴计算
而得。

1999 年国家提出西部大开发战略，西安市抓住战略机遇快速发展，由表 5-25 可以看出，西安市的各项主要指标在近十几年的时间里大都呈递增趋势，这也为西安市产城融合发展起到推进作用。

表 5-25 　　　　　　　　2000—2015 年西安市主要指标的数值

年份	制造业产值	服务业比例	人均 GDP	人均消费	科教占比	万人医生	人均绿地
2015	16029771	58.32	68852	51741	2.33	38.85	28.86
2014	15306675	55.19	66255	49588	2.91	37.34	28.57
2013	13937104	54.77	60520	41380	3.36	37.60	27.10
2012	12371936	55.00	56203	37223	2.38	35.60	23.73
2011	11425879	53.77	50492	32568	1.91	33.59	22.57
2010	9500024	54.11	42573	27408	1.94	23.41	19.00
2009	7713780	55.56	35795	22255	1.46	22.87	21.47
2008	6746410	53.34	30064	18816	1.41	28.57	20.94
2007	5238348	47.16	20818	15754	1.67	20.42	20.19
2006	4500214	54.46	24732	12947	1.57	24.03	14.98
2005	3848045	54.55	20000	11730	1.32	19.62	9.15
2004	3650239	50.87	19351	9196	0.61	29.00	8.72
2003	3074875	51.78	17040	8058	0.52	27.90	8.82
2002	2760714	50.22	15155	7306	0.19	29.37	7.94
2001	2311182	51.65	16002	8083	0.22	37.08	7.14
2000	2377229	47.60	15288	7974	0.17	35.62	6.64

注：本书制造业产值为第二产业增加值减去建筑业与采掘业增加值，单位为万元，人均GDP 和人均消费的单位为元，人均绿地面积为平方米/人。

资料来源：根据 2001—2016 年《中国城市统计年鉴》《陕西省统计年鉴》等年鉴计算而得。

进一步绘制西安市 16 年来的产城融合状态与驱动指数（见图 5-7），可以发现，随着时间的推移，工业化与城市化进程的加深，西安市产城融合驱动能力与状态水平总体而言在逐渐提升，因为偶然因素带来的个别年份略有下降不能影响产城融合的发展趋势，产城融合的发展呈现一定的长期上升趋势。

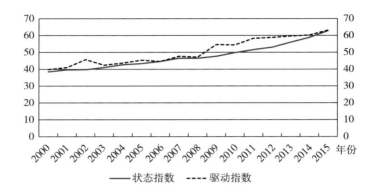

图 5 - 7 2000—2015 年西安市产城融合驱动与状态指数

研究结果显示，西安市产城融合驱动与状态均高于其他城市，这和西安市多个开发区的良好发展不无关系。西安高新技术开发区作为1991 年 3 月经国务院首批批准的国家级高新区代表着西部高新科技产业的前沿地带，位于西安市区西南方，全区有经认定的高新技术企业1000 多家，经过 20 多年的发展，已成为中西部地区市场化状态高、投资环境好、经济增长与发展最为活跃的区域之一，2015 年，西安高新区完成企业总收入超过万亿元，位居全国高新区的第三位。

西安经济技术开发区成立于 1993 年 9 月，于 2000 年经国务院批准为国家级开发区，71 平方公里的面积由商务区、加工区、泾渭新城、生态产业园四个功能园区组成，基本形成以轻工产品、生物医药、高新技术产品为主的工业体系，近几年经济增速保持高速，逐渐成为西安市一个新的经济增长点。

陕西航空经济技术开发区位于西安市阎良区，2010 年 6 月正式升级为国家级经济技术开发区，坚持走出一条"产业立区，特色发展"的道路，对外影响力正在逐渐提升。此外，西安还有西安经济技术开发区、陕西航空经济技术开发区、西安曲江国家文化产业示范区、西安国际港务区、西安浐灞生态区等园区，这些都对推动西安社会经济与产业协调发展起到了积极的作用。

第六章　产城融合的机制分析

产城融合的经济空间是"城市—产业—人口"一体化的体系，产城融合既受到一体化体系中各经济因素的驱动与交互影响，也会造成内外效应影响，即对自身经济体系的自我促进影响，同时还会对周边经济区域的经济发展带来溢出效应影响。本章将从"产城融合的假设条件与理论基础"为切入点，以机制与效应分别为表征，通过产城融合的作用过程与影响价值，分析产城融合如何进行驱动与交互作用及发挥效应影响，从而为实证分析提供理论依据。

第一节　产城融合的假设条件

第一，产城融合的经济空间是"城市—产业—人口"一体化的体系。

假设产城融合的经济空间是由城市、产业、消费者集合三部分组成，其中城市的管理组织为城市政府，政府为整个城市治理以及提供城市居民秩序化服务的城市管理机关，具有相应的公共服务供给、权力执行与社会管理及制度安排等功能，政府职能存在宏观政策及市场结构等潜在风险，这些风险具有不确定性；产业部门为企业集合，城市经济具有第一、第二和第三产业，消费者、企业及政府都需要产业部门生产的差异化产品与服务；城市的主要消费群体是城市居民人口，这些消费者构成消费者集合，在消费者偏好不变的情况下，既消费产业部门生产的产品与劳务，也为产业部门和政府部门提供劳动力供给。城市与产业的协调发展的本质是要更好地完备城市功能、升级优化产业及满足人的各种精神与物质需求。

第二，生产要素具有可流动性与选择性。

假定短期内产业生产要素在城市内是可以流动的，而长期却可以在区际间流动，城市内的文化与生态环境一致，区际间存在差异，城市资源配置优化的结果是选择要素禀赋具有优势的产业，这也主要体现在第二、第三产业，在技术创新与市场环境的相互影响下，以实现比较优势为特征的原则。

第三，消费的凯恩斯假定。

这里假定消费者的消费满足凯恩斯消费理论模型，消费总量主要取决于国民收入总量，其线性函数表述形式为：

$$C = a + bY \tag{6.1}$$

式（6.1）中，C 代表消费，Y 代表国民收入，a 为自发消费，b 为边际消费倾向，且 $a > 0$，$0 < b < 1$。

第四，产城融合影响因素的正向递减假定。

如前所述，产城融合受到产业发展、城市功能、联动因素及其他因素的影响，对此加以一般描述：

产城融合 = ｛（产业），（城市），（联动），（其他）｝

这里假定此式满足如下性质：对每一方面水平因素的改善会带来产城融合正向提高，且其正向作用的边际量是递减的。

第二节　产城融合的目标函数

产城融合的社会目标体现在个体与整体目标上，通过消费者效用目标、企业生产目标及城市福利目标，而最终体现出城市与产业之间协调发展的整体产城融合目标，形成城市区域的分工合理、产业发展的升级优化、居民消费水平的提高、资源的有效配置、生态环境的改善及城市福利整体的提升等城市和产业良性互动的格局。

一　消费者效用目标函数

消费者作为城市经济体的重要组成部分，其效用大小是衡量消费者的满意程度之目标基础，消费者效用函数通常是用消费者所消费的商品或服务品之间的数量组合关系函数来体现消费者在消费时所获得的效用大小，用来衡量消费者从既定消费的商品或服务品中所获得满意程度，具体的消费者效用目标函数表现为①：

$$U = C^{\alpha} S^{1-\alpha} \tag{6.2}$$

式（6.2）中，U 表示城市消费者集合效用，C 表示所消费的农产品及工业品组合，S 表示所消费的服务品组合，α 为常数（$0 < \alpha < 1$），其表示在全部消费支出中农产品与工业品所占份额，$1-\alpha$ 则表示在全部消费支出中服务品所占份额。

二 企业生产目标函数

企业是城市产业的基本组成单元，是城市经济发展的基础，其目标函数表达的是生产过程中投入的生产要素与总产出之间的关系式，本书以柯布—道格拉斯函数形式具体表现为：

$$Q = AK^{\beta} L^{1-\beta} \tag{6.3}$$

式（6.3）中，Q 表示城市产业的总产出，A 表示全要素生产率，K 表示资本生产要素，L 表示劳动生产要素，β 是常数（$0 < \beta < 1$），其表示资本要素在总产量中贡献份额，$1-\beta$ 表示劳动要素在总产量中贡献份额。

三 城市福利目标函数

城市社会福利可以体现为城市所有消费者效用与企业生产者利润组合，采用贝努利—纳什福利函数具体表达为：

$$W = U_i U_j \tag{6.4}$$

式（6.4）中，W 表示城市社会总福利，U_i 表示城市消费者效用福利，U_j 表示城市企业生产利润福利，假定 $i+j$ 是城市全部人口，消费者和生产者的福利分配越不平等，福利函数呈现出越小趋势；反之，社会福利就会越大。

四 产城融合目标函数

通过对城市经济体中独立主体目标函数的确立，可以得出以追逐目

---

① 高鸿业：《西方经济学》（第6版），中国人民大学出版社2014年版。

标利益最大化为原则的单个经济主体的经济福利，但是这并不代表城市经济体的综合利益最大化，产城融合目标的均衡与优化应该体现在综合考量上，因此这一目标需要从影响上述三个主体的城市与产业发展的共生角度进行考量，由此考察产城融合目标函数的主要变量包括产业发展、城市功能、联动因素三个方面，借鉴物理学中的耦合概念与耦合模型，可以得到产业与城市及联动关系三方相互作用的产城融合模型，即共同构成产城融合目标函数的具体形式为：

$$M = \{(I_n \times C_i \times L_b) / (I_n + C_i + L_b)\}^{1/k} \tag{6.5}$$

式 (6.5) 中，M 是产城融合目标值，I_n 代表产业发展，C_i 代表城市功能，L_b 表示联动因素[①]，k 为调节系数，根据变量个数一般在 $1 < k < 5$ 之间取值。产业发展、城市功能、联动因素三方面因素既有独立性，也有相互影响性，共同作用于产业与城市的融合发展，构成产城融合的目标函数关系。

根据 $D - S$ 理论需求等于供给达到市场均衡给出产城融合目标函数的约束方程为 $D = S$，借鉴柯布—道格拉斯生产函数 $Q = AK^\beta L^{1-\beta}$，构建产城融合约束方程为 $D = L_b I_n^\beta C_i^{1-\beta}$，那么产城融合目标函数的最大化的均衡条件可以由拉格朗日法得出。相应的拉格朗日函数为：

$$L(I_n, C_i, L_b, \lambda) = M(I_n, C_i, L_b) + (D - L_b I_n^\beta C_i^{1-\beta}) \tag{6.6}$$

式 (6.6) 中，λ 为拉格朗日乘数，产城融合 M 最大化的一阶条件为：

$$\frac{\partial L}{\partial I_n} = M_{I_n} - \lambda \beta L_b I_n^{\beta-1} C_i^{1-\beta} = 0 \tag{6.7}$$

$$\frac{\partial L}{\partial C_i} = M_{C_i} - \lambda(1-\beta) L_b I_n^\beta C_i^{-\beta} = 0 \tag{6.8}$$

$$\frac{\partial L}{\partial L_b} = M_{L_b} - \lambda I_n^\beta C_i^{1-\beta} = 0 \tag{6.9}$$

式 (6.7)、式 (6.8)、式 (6.9) 中，$M_{I_n} = \dfrac{\partial M}{\partial I_n}$，$M_{C_i} = \dfrac{\partial M}{\partial C_i}$，$M_{L_b} = \dfrac{\partial M}{\partial L_b}$。

---

① 此处产业发展、城市功能及联动因素三个变量取值是在指标体系基础上测度的分项模块指数。

由式（6.7）、式（6.8）、式（6.9）可得产城融合 M 最大化必要条件为：

$$\frac{M_{I_n}}{\beta L_b I_n^{\beta-1} C_i^{1-\beta}} = \frac{M_{C_i}}{(1-\beta) L_b I_n^{\beta} C_i^{-\beta}} = \frac{M_{L_b}}{I_n^{\beta} C_i^{1-\beta}} \tag{6.10}$$

化简式（6.10）得：

$$\frac{M_{I_n}}{\beta/I_n} = \frac{M_{C_i}}{(1-\beta)/C_i} = \frac{M_{L_b}}{1/L_b} \tag{6.11}$$

式（6.11）是产城融合目标函数最大化的均衡条件，这个均衡条件反映出产城融合的优化发展不是一个因素推动的，而是由多个因素之间的平衡发展促进的，具体各因素对产城融合的动力与相互作用影响将在产城融合的机制分析中做进一步阐释。

第三节 产城融合的机制分析

社会经济运行机制是社会经济系统内部各子系统要素之间的相互促进、相互作用、相互制约的形式，是其良性循环不可或缺的要约（陈凯，2015）。产城融合的机制原理是指各种因素驱动与作用城市与产业在整个结构体系的协调运行原理，这种运行机制具有相对的稳定性与规律性，主要包括产城融合的动力机制与交互机制，动力机制反映各影响因素对产城融合的动力推动过程，而在此动力驱动作用中也会对产城融合及各因素带来交互强化作用。

一 产城融合的动力机制

本书构建树型产城融合的动力机制系统（见图6-1），反映出在各种因素的交错影响下所产生的驱动力，驱使产业与城市的自我强化与相互联系，以各因素形成的动力推动整个机制体系的运转，如同树的根、茎、叶各具有吸收、疏导及转化等功能一样，体现出产城融合的驱动力与状态水平。

在这个系统中，产城融合的主要因素决定产城融合的驱动能力并形成根与茎促进城市经济体协调运作，体现为产城融合枝繁叶茂的融合水平，而其他因素则在机遇与风险因素上形成产业与城市融合的加减速外

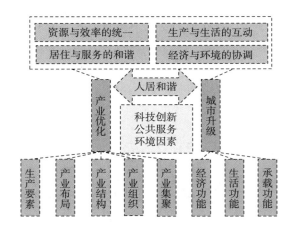

图 6-1　产城融合动力机制

因，一定程度上影响产城融合发展，本书的产城融合主要是基于产业与城市化功能自发适应的过程，因此更加强调产城自我发展与融合，忽略产城融合其他因素带来的其他外围影响。

（一）产业发展是产城融合的原动力

产业发展既是城市的支撑力量，也是城市未来发展的选择方向。产业发展是以城市资源禀赋与比较优势积淀为基础的演变与升级，是促进城市发展的重要因素与动力源。第三产业在生产力的快速提升过程中得到迅速发展，并成为主导城市后工业化时期的重要产业，城市功能及作用受到产业结构变迁的直接影响，其间接影响也在城市资源的合理利用与城市生态环境的改善中得以体现。同时，产业发展对城市产业布局与城市整体建设提出新要求，在产业组织生产社会化的规模调整过程中，加强产业之间的有机联系性，促进城市区域的经济发展。

另外，城市的现代化进程也在产业发展过程得以动力支持，产业结构的升级优化可以改变城市经济的外延式粗放发展方式，促使城市经济健康发展，确保产业与城市的同步综合发展（柯善咨，2014）。产业的发展带动上下游产业之间的纵横关系以资源、技术、人居、环境等为表征促进城市经济的方方面面，产业以水平与垂直的空间运动影响着城市的分工与合作，表现为城市经济在农业、工业、服务业之间产业链的形成，推动着城市经济的进一步发展。

为了进一步描述产业发展对于产城融合的动力影响，本书借助产城融合目标函数 $M = \{(I_n \times C_i \times L_b)/(I_n + C_i + L_b)\}^k$ 来分析，假定 $k = 1$，如果产业发展变动 ΔI_n，则：

$$\Delta M_I = \frac{(I_n + \Delta I_n) \times C_i \times L_b}{I_n + \Delta I_n + C_i + L_b} - \frac{I_n \times C_i \times L_b}{I_n + C_i + L_b}$$

$$= \frac{\Delta I_n \times C_i \times L_b (C_i + L_b)}{(I_n + \Delta I_n + C_i + L_b)(I_n + C_i + L_b)} \qquad (6.12)$$

产业发展边际贡献为：$\dfrac{\Delta M_I}{\Delta I_n} = \dfrac{C_i \times L_b (C_i + L_b)}{(I_n + \Delta I_n + C_i + L_b)(I_n + C_i + L_b)}$

$$\qquad (6.13)$$

设城市中农工业及服务业劳动份额分别为 N_i、N_s，S_i、S_s 分别代表农工业及服务业工资率，则城市产业总收入可以表示为：

$$Y_{I_n} = N_i S_i + N_s S_s \qquad (6.14)$$

在产城融合工资率均衡与最大产业收入的要求下，产业发展的均衡条件可以表示为：

$$\frac{Y_i}{Y_s} = \frac{N_s}{N_i} \qquad (6.15)$$

式（6.15）中，Y_i、Y_s 分别为农工业及服务业的边际收入率，即单位工资率变动下产业收入变动比率。

可见，产城融合的目标值受到产业发展变动的直接影响，产业发展对于产城融合起着非常重要的边际贡献作用。同时产业发展也受到工资率与就业份额的影响，这主要是因为：一方面，工资率变动改变着产业的新旧更替，激励着产品的创新，而产品创新活动又会推动产业发生演进；另一方面，产业就业份额的改变会直接影响产业结构的变迁，进而又会影响产业组织与集聚的转换，推进产业自身发展与优化，最终影响城市整体功能与产业发展的融合程度。

（二）城市功能是产城融合的动力保障

城市功能在经济、生活及规模意义上是产城融合的动力保障。城市经济水平基础下提供的各种物质产品与服务是产城融合发展的物质与文化保障，也是城市与产业自我发展的动力保障，城市经济水平体现出一个城市的经济实力，对技术进步和政府财政收入都有着重要的决定作用。城市生活水平主要以消费来体现，消费作为生产最终的需求，这一需求的提升有利于促进产业的优化升级，完成传统产业的改造与转型，在不断适应与满足消费新需求的过程中大力发展新兴产业，延长在生产和生活服务型产业发展上的价值链，不断开发新产品，抓住市场趋势，创造新供给，形成产城融合的动力保证。城市规模水平反映出城市的承载驱动，城市的土地及人口作为规模水平的主要衡量指标，并不是越大就代表产城融合得越好，而是要和城市的经济与生活水平协调发展才能体现出产城融合的优与劣，小城镇也可以因其坚实的经济基础和优良的生活质量出现产业与城市的高度融合。

城市功能对于产城融合的动力保障可通过边际贡献率来反映，如前所述计算得出城市功能边际贡献为：

$$\frac{\Delta M_c}{\Delta C_i} = \frac{I_n \times L_b (I_n + L_b)}{(I_n + \Delta C_i + C_i + L_b)(I_n + C_i + L_b)} \tag{6.16}$$

同时，可得城市功能优化的均衡条件为：

$$\frac{W_i}{P_i} = \frac{W_s}{P_s} \tag{6.17}$$

式（6.17）中，W_i、W_s 分别为工农业、服务业的边际福利，即单位产品变动下福利水平的变动比率，P_i、P_s 为工农业、服务业的价格水平。可见，产城融合的目标值受到城市功能变动的直接影响，而城市功能又受到产品数量与价格变动的影响，这主要是因为：城市功能在数量与质量上的变动，有利于增进城市总体经济福利，通过城市经济功能、生活功能及城市承载驱动的提升，促进城市功能升级；同时产品数量与价格的变动成为影响消费者和生产者福利的重要信号，并在逐渐发现与纠错过程中对消费与投资环境进行改善，提高市场资源配置效率，为产城融合发展提供相应的保障。

（三）联动因素是产城融合的动力基础

联动因素作为产城融合的桥梁功能作用，是产城融合的动力基础。产业与城市的融合需要有联系二者并良性互动的功能，产业与城市之间架起的功能桥梁越多，产城融合的驱动也将越强。

如前所述，可得联动因素边际贡献为：

$$\frac{\Delta M_l}{\Delta L_b} = \frac{I_n \times C_i (I_n + C_i)}{(I_n + \Delta C_i + C_i + L_b)(I_n + C_i + L_b)} \tag{6.18}$$

同时，可得联动因素优化的均衡条件为[①]：

$$\frac{U_n}{P_n} = \frac{U_r}{P_r} \tag{6.19}$$

式（6.19）中，U_n、U_r 分别为消费者在生活必需品、房地产品的边际效用，即单位产品变动下效用水平的变动比率，P_n、P_r 分别为生活必需品、房地产品的价格水平。不难发现，产城融合的目标值也受到变动的联动因素的直接影响，联动因素又主要通过科技创新、公共服务及环境发展等具体途径改善人与居的协调发展，成为产城融合良性发展的动力基础。

第一，科技创新是联动功能的重要途径。科技创新会在城市区域范围内形成科技增长极，带动城市经济的快速发展。科技创新通过科学发明、知识创新、技术创新、科技扩散与引进等路径，降低产业部门的生产成本，提高劳动生产率和经济效益，促进产业更新换代，实现城市经济的现代化发展。科技创新推动了技术集聚、人才集聚及产业集聚，构建起融合产业与城市的良性互动桥梁，既有利于促进城市知识社会的形成，也有利于城市资源环境的保护与利用，对于推动城市经济社会的和谐发展和城市竞争力的进一步提升意义重大（王缉慈，2001）。

第二，城市公共服务是沟通城市与产业发展的纽带。城市与产业的融合发展离不开为社会公众提供高效、便捷的公共服务，公共服务的完备将为广大居民参与社会各类政治、经济及文化活动提供良好的保障。公共服务通过持续向城市各方主体提供便捷的基础设施、优质的教育、卫生医疗、就业服务及社会保障等公共产品和公共服务，成为有效地联系起人口与城市、产业之间的纽带，促进城市的有序发展。公共服务功能通过为"人"的生存、生活及发展等社会性的直接需求提供满足，成为产业与城市协调发展的互动支撑。

第三，环境因素对产城融合有促进作用。市场环境、文化环境及生态环境等各类环境因素对于一个城市的资源配置和产业发展都有直接影响，越是各方环境良好，越会吸引资金、人才和产业的集聚，带动产业

[①] 不同于产业发展的产业收入最大化与城市功能优化的福利最大化，联动因素通过构架起产业与城市的互动桥梁最终体现为人居和谐，所以本书选取生活必需品和房地产品作为人居效用衡量。

结构的升级与产业组织的规模效益，发挥城市资源优势，优化资源配置，吸引更多的资源向城市与相关产业的流动，促进城市与产业的现代化发展，形成人居和谐发展的新局面。

二　产城融合的交互机制

产城融合的交互机制是指产城融合各因素之间的相互作用及产城融合的反作用机制（见图 6 - 2）。产城融合是城市体系不断进行自我调整以适应产业变化的动态发展过程，是各种影响因素合力作用的结果，而各因素之间的相互作用可以体现为产业发展、城市功能、联动因素及其他因素相互之间的影响与作用的关系，产城融合的反作用体现为产业与城市融合发展对各因素的反作用影响。

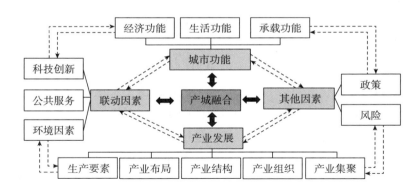

图 6 - 2　产城融合的交互机制

首先，产业发展和城市水平是产城融合的基础条件，二者通过资源的合理开发与利用、要素的有效配置与提升推动各自的升级与完善。自然资源、劳动力、资本等生产要素的变化，产业结构的变迁及产业组织的优化等因素变化既会影响城市经济与生活水平，也会影响生态环境、文化环境、市场环境、公共服务及机遇与风险的变动，进而对产城融合产生影响。产业发展既可以带动城市经济实力的增强，也可以提升城市生活水平，进而吸引更多的要素资源进入城市推动城市规模的扩大；城市水平反过来也会影响产业结构的升级，产业布局的合理与产业组织的规模效应，推动产城融合进一步深化；产业发展与城市水平直接影响科学技术的进步、公共服务等联动因素的变化。

其次，联动功能反过来影响产业发展和城市水平。具体而言，科技创新对于劳动力成本越来越高、资本越来越复杂多变的产业发展有着直接影响，在产业发展越来越强调效率化、柔性化、资本化、现代化的过程中，科技创新形成的各种方便的网络化交易方式可以降低成本，使越来越注重生产者和消费者直接对接的各产业得以迅速发展，增加了产业与城市的竞争力；同时，公共服务的改善，也通过便捷的基础设施和良好的公共物品与服务，有利于产业发展和城市水平的提高；环境的变化也会作用于其他因素，市场环境、文化环境及生态环境会直接或间接对各生产要素、产业结构进行重新调整和再升级，表现为企业为了降低交易和生产成本、保持产品优势和增强企业竞争力会进行诸如劳动力培训、资本运营、科技创新与引进等活动，进而促使产业结构升级优化，带动城市系统不断进行自我调整以适应外部环境变化的过程。

再次，政策机遇及偶发风险的出现也会影响到各因素本身的变化，同时机遇与风险也是可以相互转化的，例如，由于日本在能源资源上的劣势风险，最终给日本带来节约能源的产业快速升级，走出资源稀缺之困境，影响到产业的竞争优势。风险危机在健全的经济体系中往往可以成为转机，促进技术进步，公共服务和各种环境的变化，影响生产要素合理配置和产业发展，进而影响区域经济协调发展。机遇与风险既是关键因素变化影响的结果；反之，城市与产业的升级及技术进步等也受机遇与风险等因素变化的作用影响。

最后，在各种要素通过内外力影响产城融合的同时，产城融合的反作用力特征也会对影响因素发生作用，良好的产城互动关系有利于自然生态与经济社会环境的改善，有利于基于城市承载能力基础上的合理规划，有利于遵循共生理念的产业升级与城市的逐步改善，有利于科学技术的创新，同时随着产城融合的有机发展，公共服务也会进一步提升，有效地保障城市的制造、通信、教育、医疗、金融等产业的有序发展，有效降低风险出现的可能性，确保城市与产业的健康协调发展。

第四节 产城融合机制的实证分析

产城融合的实证分析在机制探讨与实证测度基础上建立分析产城融合机制的多元线性模型，并针对面板数据进行产城融合驱动量化分析，得出不同因素影响下的驱动贡献比较；同时建立产城融合交互作用VAR 模型，进一步分析各不同驱动因素自身及与产城融合程度的相互影响关系。

一 产城融合的驱动实证分析

产业发展指数、城市功能指数及联动因素指数是反映产城融合影响因素的主要指标，产城融合发展程度最终体现为产业发展、城市功能及联动因素的贡献。本书选取这三个指数作为解释变量，产城融合度[①]作为被解释变量，构建一般多元线性回归模型为：

$$F_{ut} = c + \alpha I_{nt-j} + \beta C_{it-j} + \delta L_{bt-j} + \mu \tag{6.20}$$

其中，F_u 为产城融合度，I_n 为产业发展指数，C_i 为城市功能指数，L_b 为联动因素指数，μ 为误差项，t 为时期，为满足模型参数估计的样本容量要求，j 为 0、1、2、3、4。

对于模型检验具有自相关性的，为消除自相关性使用科奥迭代模型法修正模型[②]为：

$$F_{ut} = c + \alpha I_{nt-j} + \beta C_{it-j} + \delta L_{bt-j} + AR(1) + AR(2) + \mu \tag{6.21}$$

首先，当 $j=0$ 时，模型（6.20）、模型（6.21）变为：

$$F_{ut} = c + \alpha I_{nt} + \beta C_{it} + \delta L_{bt} + \mu \tag{6.22}$$

$$F_{ut} = c + \alpha I_{nt} + \beta C_{it} + \delta L_{bt} + AR(1) + AR(2) + \mu \tag{6.23}$$

模型表明产城融合的当期驱动因素对于产城融合度的影响，采用上一章陕西 13 个城市 16 年的相关测度数据，针对检验结果分别使用模型（6.20）和模型（6.21），得出不同城市的驱动解释变量对于产城融合

[①] 被解释变量产城融合度是根据耦合公式基于上一章实际测度产城融合驱动指数与状态指数的平均耦合值，三个变量取上一章实际分项测度值。

[②] 杰弗里·M.伍德里奇：《计量经济学导论》，费剑平译，中国人民大学出版社 2010 年版。

度 F_u 的影响程度（见表 6 – 1）。

表 6 – 1 陕西各级城市产城融合当期驱动指数贡献回归系数

城市名称	c	I_n	C_i	L_b	R²	DW
西安市[1]	– 1.239 *	0.315 **	0.417 *	0.309 **	0.988	1.921
	(0.088)	(0.012)	(0.061)	(0.050)		
铜川市[2]	0.304 **	0.261 ***	0.259 **	0.198	0.918	2.115
	(0.011)	(0.001)	(0.017)	(0.106)		
宝鸡市[1]	0.581 *	0.238 **	0.401 **	0.312 ***	0..976	2.161
	(0.056)	(0.071)	(0.018)	(0.009)		
咸阳市[2]	0.046	0.316 **	0.239 **	0.257 ***	0.988	1.973
	(0.102)	(0.062)	(0.018)	(0.006)		
渭南市[2]	– 3.231	0.272 ***	0.227 ***	0.165 *	0.935	1.829
	(0.670)	(0.009)	(0.003)	(0.036)		
延安市[2]	0.135 *	0.296	0.365 ***	0.189 *	0.976	1.957
	(0.094)	(0.298)	(0.008)	(0.070)		
汉中市[1]	0.016	0.301 ***	0.419 ***	0.289 ***	0.989	2.105
	(0.619)	(0.005)	(0.001)	(0.000)		
榆林市[2]	0.085 **	0.307 ***	0.356 **	0.119	0.991	1.903
	(0.039)	(0.000)	(0.018)	(0.336)		
安康市[1]	– 0.062 ***	0.288 **	0.229 ***	0.136 ***	0.992	1.798
	(0.001)	(0.031)	(0.001)	(0.000)		
商洛市[2]	0.046 ***	0.356 ***	0.381 ***	0.286 ***	0.991	1.893
	(0.006)	(0.007)	(0.001)	(0.000)		
兴平市[1]	1.039 ***	0.192 ***	0.198 **	0.182 ***	0.988	1.867
	(0.000)	(0.009)	(0.015)	(0.001)		
韩城市[2]	0.137 **	0.302 *	0.387 ***	0.198 **	0.990	1.957
	(0.012)	(0.055)	(0.001)	(0.016)		
华阴市[2]	0.045	0.286 *	0.339 ***	0.228 **	0.975	2.132
	(0.108)	(0.016)	(0.009)	(0.015)		

注：表中上标 1 和 2 分别表示使用模型（5.11）、模型（5.12）；表中括号中的数据为相应估计量的伴随概率 p 值，*** 、** 、* 分别表示在 1%、5%、10% 的显著性水平下显著，下同；表中 R² 均在 0.95 以上，DW 值均在 1.465（d_u）至 2.535（$4 – d_u$）之间，代表模型估计具有有效性，下同。

　　表6-1是陕西不同城市使用模型估计结果显示，无论是产业发展因素，还是城市功能因素或者联动因素，都显示出各因素对于产城融合发展是有着重要作用的影响，除了极个别系数没有通过显著性水平的统计检验，绝大多数都通过了显著性水平下的统计检验，而且各个影响因素均为正，文章所关注的产业发展、城市功能及联动因素等均表现出显著的正向影响关系。以西安为例，产业发展指数每变动1个百分点，产城融合程度提升0.315个百分点，城市功能指数每变动1个百分点，产城融合程度提升0.417个百分点，联动因素指数每变动1个百分点，产城融合程度提升0.309个百分点，这与理论分析一致，意味着这些因素的改善程度越高，越能对产城融合带来正向影响。

　　当 $j = 1$、2、3、4 时，模型（6.20）和模型（6.21）变为：

$$F_{ut} = c + \alpha I_{nt-1} + \beta C_{it-1} + \delta L_{bt-1} + \mu \tag{6.24}$$

$$F_{ut} = c + \alpha I_{nt-1} + \beta C_{it-1} + \delta L_{bt-1} + AR(1) + AR(2) + \mu \tag{6.25}$$

$$F_{ut} = c + \alpha I_{nt-2} + \beta C_{it-2} + \delta L_{bt-2} + \mu \tag{6.26}$$

$$F_{ut} = c + \alpha I_{nt-2} + \beta C_{it-2} + \delta L_{bt-2} + AR(1) + AR(2) + \mu \tag{6.27}$$

$$F_{ut} = c + \alpha I_{nt-3} + \beta C_{it-3} + \delta L_{bt-3} + \mu \tag{6.28}$$

$$F_{ut} = c + \alpha I_{nt-3} + \beta C_{it-3} + \delta L_{bt-3} + AR(1) + AR(2) + \mu \tag{6.29}$$

$$F_{ut} = c + \alpha I_{nt-4} + \beta C_{it-4} + \delta L_{bt-4} + \mu \tag{6.30}$$

$$F_{ut} = c + \alpha I_{nt-4} + \beta C_{it-4} + \delta L_{bt-4} + AR(1) + AR(2) + \mu \tag{6.31}$$

　　继续采用第五章相关测度数据进行滞后1、2、3、4期驱动因素对于产城融合程度的贡献回归分析，得出不同滞后期驱动指数贡献，见表6-2至表6-5。

表6-2　陕西各级城市产城融合滞后1期驱动指数贡献回归系数

城市名称	c	I_n	C_i	L_b	R^2	DW
西安市[2]	0.198 * (0.065)	0.358 ** (0.012)	0.405 *** (0.006)	0.327 ** (0.010)	0.978	1.883
铜川市[1]	− 1.037 *** (0.001)	0.323 ** (0.012)	0.258 ** (0.011)	0.269 *** (0.007)	0.980	2.073
宝鸡市[2]	0.052 * (0.068)	0.272 ** (0.015)	0.439 ** (0.011)	0.318 * (0.059)	0.986	2.118

续表

城市名称	c	I_n	C_i	L_b	R^2	DW
咸阳市[2]	0.059*** (0.003)	0.352** (0.015)	0.293** (0.013)	0.322*** (0.006)	0.968	1.934
渭南市[1]	-3.839 (0.856)	0.304*** (0.003)	0.252** (0.019)	0.179* (0.075)	0.996	1.792
延安市[2]	0.137* (0.095)	0.319 (0.238)	0.395** (0.018)	0.158* (0.060)	0.976	1.918
汉中市[2]	0.172 (0.413)	0.328*** (0.005)	0.467*** (0.001)	0.292*** (0.003)	0.989	2.063
榆林市[2]	0.136** (0.037)	0.407*** (0.001)	0.316** (0.018)	0.128 (0.363)	0.971	1.865
安康市[1]	0.189*** (0.010)	0.292** (0.038)	0.236*** (0.001)	0.128*** (0.006)	0.972	1.762
商洛市[2]	0.036*** (0.002)	0.315*** (0.008)	0.368*** (0.003)	0.293*** (0.001)	0.978	1.855
兴平市[1]	-1.057 (0.101)	0.136*** (0.005)	0.203** (0.019)	0.186*** (0.002)	0.988	1.830
韩城市[2]	0.039*** (0.003)	0.339*** (0.002)	0.372** (0.011)	0.198*** (0.006)	0.990	1.918
华阴市[1]	0.055 (0.108)	0.292* (0.015)	0.345*** (0.008)	0.268** (0.011)	0.986	2.089

表6-3　陕西各级城市产城融合滞后2期驱动指数贡献回归系数

城市名称	c	I_n	C_i	L_b	R^2	DW
西安市[2]	0.058** (0.011)	0.379* (0.072)	0.396** (0.011)	0.388** (0.015)	0.978	1.901
铜川市[1]	0.069*** (0.003)	0.357** (0.013)	0.280** (0.015)	0.261* (0.067)	0.979	2.093
宝鸡市[1]	0.261* (0.086)	0.283** (0.016)	0.363*** (0.012)	0.298** (0.018)	0.996	2.139

续表

城市名称	c	I_n	C_i	L_b	R^2	DW
咸阳市[2]	0.259 *** (0.002)	0.362 *** (0.011)	0.279 ** (0.015)	0.256 *** (0.006)	0.978	1.953
渭南市[2]	1.308 ** (0.011)	0.362 *** (0.005)	0.259 ** (0.016)	0.178 * (0.052)	0.985	1.810
延安市[2]	0.163 * (0.093)	0.257 (0.238)	0.301 *** (0.008)	0.205 * (0.061)	0.986	1.937
汉中市[2]	0.171 (0.326)	0.345 ** (0.013)	0.496 *** (0.006)	0.278 * (0.071)	0.979	2.084
榆林市[2]	0.217 ** (0.041)	0.313 *** (0.001)	0.379 ** (0.016)	0.208 (0.653)	0.981	1.884
安康市[1]	1.093 *** (0.003)	0.292 ** (0.035)	0.274 *** (0.002)	0.129 *** (0.001)	0.982	1.780
商洛市[2]	0.053 *** (0.003)	0.335 *** (0.009)	0.385 * (0.060)	0.237 *** (0.001)	0.981	1.874
兴平市[1]	1.132 (0.108)	0.198 ** (0.011)	0.136 *** (0.003)	0.199 *** (0.001)	0.978	1.848
韩城市[2]	0.392 *** (0.003)	0.306 *** (0.006)	0.373 ** (0.011)	0.197 *** (0.000)	0.980	1.937
华阴市[2]	0.304 (0.108)	0.253 * (0.015)	0.328 *** (0.008)	0.278 ** (0.015)	0.985	2.110

表 6 - 4 陕西各级城市产城融合滞后 3 期驱动指数贡献回归系数

城市名称	c	I_n	C_i	L_b	R^2	DW
西安市[2]	0.379 (0.128)	0.436 *** (0.009)	0.439 ** (0.013)	0.393 * (0.076)	0.988	1.920
铜川市[1]	0.572 ** (0.067)	0.380 ** (0.014)	0.298 ** (0.017)	0.276 ** (0.015)	0.968	2.114
宝鸡市[1]	0.283 (0.127)	0.293 ** (0.018)	0.389 *** (0.011)	0.307 ** (0.017)	0.976	2.160

城市名称	c	I_n	C_i	L_b	R^2	DW
咸阳市[2]	0.362 *** (0.005)	0.395 *** (0.017)	0.283 ** (0.018)	0.276 ** (0.015)	0.988	1.972
渭南市[2]	0.362 ** (0.015)	0.308 *** (0.005)	0.279 *** (0.008)	0.278 * (0.053)	0.965	1.828
延安市[2]	0.157 ** (0.034)	0.268 (0.273)	0.321 *** (0.009)	0.239 * (0.066)	0.976	1.956
汉中市[2]	0.171 (0.326)	0.345 ** (0.023)	0.296 ** (0.046)	0.278 *** (0.001)	0.989	2.104
榆林市[1]	0.315 ** (0.048)	0.375 *** (0.009)	0.396 * (0.018)	0.247 (0.572)	0.991	1.902
安康市[1]	1.274 *** (0.001)	0.298 ** (0.045)	0.282 *** (0.003)	0.209 *** (0.005)	0.992	1.797
商洛市[2]	0.073 (0.105)	0.356 ** (0.009)	0.398 ** (0.001)	0.291 ** (0.032)	0.991	1.892
兴平市[1]	0.198 *** (0.009)	0.205 ** (0.015)	0.236 *** (0.001)	0.239 *** (0.002)	0.988	1.866
韩城市[2]	-0.356 ** (0.025)	0.328 * (0.078)	0.389 ** (0.031)	0.207 *** (0.001)	0.990	1.956
华阴市[2]	0.352 (0.112)	0.312 * (0.016)	0.378 *** (0.009)	0.293 ** (0.013)	0.975	2.131

表 6 - 5　陕西各级城市产城融合滞后 4 期驱动指数贡献回归系数

城市名称	c	I_n	C_i	L_b	R^2	DW
西安市[2]	0.383 ** (0.013)	0.372 * (0.007)	0.361 (0.103)	0.403 ** (0.026)	0.993	1.940
铜川市[1]	0.357 ** (0.015)	0.302 ** (0.018)	0.237 ** (0.013)	0.207 *** (0.006)	0.982	2.136
宝鸡市[1]	0.282 * (0.078)	0.236 ** (0.013)	0.303 *** (0.011)	0.226 ** (0.015)	0.981	2.182

续表

城市名称	c	I_n	C_i	L_b	R^2	DW
咸阳市[2]	0.363 ** (0.012)	0.326 *** (0.016)	0.256 *** (0.005)	0.247 ** (0.026)	0.993	1.992
渭南市[2]	0.362 ** (0.015)	0.259 *** (0.007)	0.232 *** (0.008)	0.156 * (0.065)	0.979	1.847
延安市[2]	0.257 * (0.095)	0.233 (0.247)	0.297 *** (0.003)	0.201 * (0.051)	0.981	1.976
汉中市[2]	0.196 (0.426)	0.212 *** (0.001)	0.373 *** (0.009)	0.258 *** (0.003)	0.994	2.125
榆林市[2]	0.213 ** (0.047)	0.208 *** (0.002)	0.356 ** (0.015)	0.201 (0.643)	0.996	1.921
安康市[1]	1.292 *** (0.006)	0.274 ** (0.025)	0.262 *** (0.003)	0.113 *** (0.002)	0.997	1.815
商洛市[2]	0.335 ** (0.032)	0.327 * (0.078)	0.367 *** (0.001)	0.215 ** (0.002)	0.996	1.911
兴平市[1]	1.198 *** (0.005)	0.186 ** (0.011)	0.121 *** (0.001)	0.175 ** (0.002)	0.993	1.885
韩城市[2]	0.306 *** (0.002)	0.298 ** (0.035)	0.365 ** (0.012)	0.183 * (0.081)	0.995	1.976
华阴市[2]	-0.278 (0.101)	0.323 ** (0.015)	0.318 *** (0.008)	0.269 ** (0.018)	0.980	2.153

从表 6-2 至表 6-5 中可以看出，滞后各期的驱动因素指数对于产城融合程度贡献作用依旧较为明显，并和时间趋势有一定的关联，驱动指数的变化对产城融合的贡献在不同城市之间也有一定的差异性。从结果显示出的产城融合三个维度的驱动因素来看，城市功能对产城融合的贡献较为显著（见图 6-3），并且在滞后 3 期时间上变动影响力逐渐变强，之后又有所下降，这也体现在产业发展影响因素上，其变化基本一致。同时，研究结果显示，L_b 系数值较低，反映出陕西省联动因素对产城融合的影响作用较小，但是在滞后期变动中又可以看到此因素对产

城融合的影响作用有缓慢稳定增长的趋势，这反映出联动因素中的科技进步、公共服务及环境因素是以长期的发展在影响着产城融合的程度提升。总体而言，陕西省产城融合程度的提升离不开各影响因素的稳定增长，这是产城融合发展的基本保证。随着城镇化的快速推进，继续改善各驱动影响，将会对产城融合的发展起到持续推动作用。

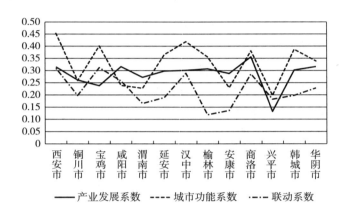

图 6 - 3　当期陕西各级城市驱动因素对产城融合的贡献系数

二　产城融合的交互作用实证分析

产城融合交互作用机制的实证分析将通过构建 VAR 模型，绘制 IRF 脉冲响应图全面反映各变量之间的动态影响，并通过计量模型与互动响应关系反映各因素之间及产城融合度对各因素的作用影响。VAR 模型实质上是考察不同变量之间的动态关系，把系统中每一个变量作为所有变量滞后项的函数构建回归模型，本书设定包含产城融合度 F、产业发展指数 I_n、城市功能指数 C_i、联动因素指数 L_b 的 VAR 模型，针对上一章测度数据构建滞后 2 期，变量两两组合的 VAR 模型，具体如下：[1]

$$Y_t = A_1 Y_{t-1} + A_2 Y_{t-2} + \varepsilon \tag{6.32}$$

其中，Y_t 为 $[F_u I_n]$ 或 $[F_u C_i]$ 或 $[F_u L_b]$ 或 $[I_n C_i]$ 或 $[I_n L_b]$

---

[1]　高铁梅：《计量经济分析方法与建模》，清华大学出版社 2009 年版。

或 $[C_iL_b]$，Y_{t-1} 为 Y_t 变量一阶滞后值，Y_{t-2} 为 Y_t 变量二阶滞后值。

如果变量为非平稳序列，需进行差分调整，模型修正为：

$$\Delta Y_t = A_1 \Delta Y_{t-1} + A_2 \Delta Y_{t-2} + \varepsilon \tag{6.33}$$

其中，ΔY_t 为各变量差分 $D(F_u)$、$D(I_n)$、$D(C_i)$、$D(L_b)$ 的组合，ΔY_{t-1} 为 ΔY_t 变量一阶滞后值，ΔY_{t-2} 为 ΔY_t 变量二阶滞后值。

如果变量同阶协整，将在 VAR 模型基础上建立 VEC 模型，具体为：

$$\Delta Y_t = \alpha ECM + A_1 \Delta Y_{t-1} + A_2 \Delta Y_{t-2} + \varepsilon \tag{6.34}$$

其中，ECM 表示根据协整方程计算的误差修正项。

结合统计软件的运用，采用上一章测度出 2000—2015 年陕西各城市产城融合相关指数均值进行计量分析。首先，对变量 F_u、I_n、C_i、L_b 进行单位根检验，检验结果如表 6 - 6 所示。

表 6 - 6　　　　　　　各变量单位根检验结果

变量	ADF 值	概率 P 值	变量差分	ADF 值	概率 p 值
F_u	2.2875	0.9998	$D(F_u)$	-4.2927	0.0067
I_n	0.0182	0.9537	$D(I_N)$	-7.5169	0.0000
C_i	2.7033	0.9999	$D(C_I)$	-6.4441	0.0002
L_b	1.3356	0.9971	$D(L_B)$	-4.1194	0.0090

从表 6 - 6 中单位根检验结果可知，原序列的概率 p 值都大于 0.01，拒绝不存在单位根的原假设，原序列为非平稳序列。四个变量的差分序列的概率 p 值都小于 0.01，认为差分序列为平稳序列，满足进一步进行协整的条件。

对变量平稳序列组合进行 Johansen 检验，得到检验结果见表 6 - 7。

表 6 - 7　　　　变量平稳序列组合进行 Johansen 检验结果

变量组合	None		At most 1	
	Trace - Statistic	Prob	Trace - Statistic	Prob
$(Fu \quad In)$	21.6657	0.0057	0.0053	0.9558

变量组合	None		At most 1	
	Trace – Statistic	Prob	Trace – Statistic	Prob
$(F_u \quad C_i)$	13.1386	0.2706	0.8625	0.3572
$(F_u \quad L_b)$	20.6397	0.0096	0.0021	0.9653
$(C_i \quad I_n)$	30.7173	0.0002	0.8799	0.3364
$(L_b \quad I_n)$	10.5397	0.2583	0.4042	0.5296
$(C_i \quad L_b)$	20.5630	0.0088	0.0730	0.7919

检验判定结果原假设 None 表示没有协整关系，其中四个变量组的概率 p 值小于 0.01，所以拒绝原假设，认为至少存在一个协整关系，另一个假设 At most 1 表示最多存在一个协整关系，这四个变量组的概率 p 值均大于 0.01，所以接受存在协整关系，这四个变量组选择 VEC 模型，其余两个变量组选择修正 VAR 模型。VAR 模型特征根均落于单位圆内（见图 6 – 4 和图 6 – 5），即模型稳定。

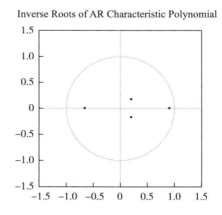

Inverse Roots of AR Characteristic Polynomial

图 6 – 4 [$F_u C_i$] 变量组 VAR 稳定性检验

因为矢量自回归的分析重点并不是模型系数，所以本书均以 IRF 脉冲响应图反映所有变量动态关系，具体见图 6 – 6 至图 6 – 11。

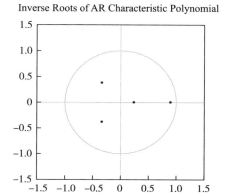

图 6 - 5 [L_b I_n] 变量组 VAR 稳定性检验

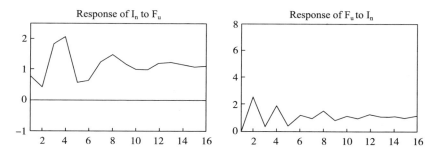

图 6 - 6 F_u 和 I_n 的 VEC 模型脉冲响应

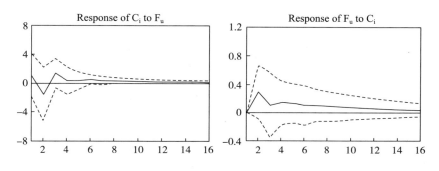

图 6 - 7 F_u 和 C_i 的 VAR 模型脉冲响应①

---

① 图中实线表示变量受冲击后的走势，两侧的虚线表示走势的两倍标准误差。

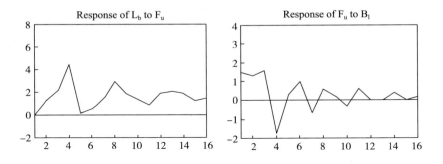

图 6 - 8 F_u 和 L_b 的 VEC 模型脉冲响应

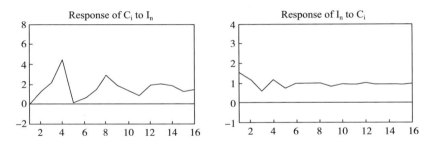

图 6 - 9 C_i 和 I_n 的 VEC 模型脉冲响应

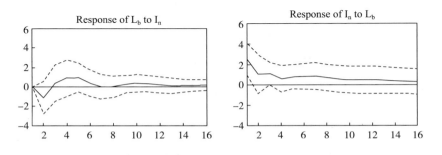

图 6 - 10 L_b 和 I_n 的 VAR 模型脉冲响应

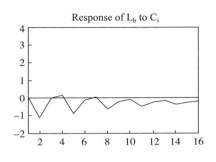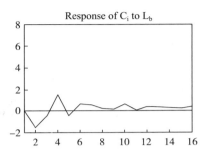

图 6 - 11　L_b 和 C_i 的 VEC 模型脉冲响应

图 6 - 6 中 F_u 和 I_n 的 VEC 模型脉冲响应中 Response of I_n to F_u 部分显示的是产业发展 I_n 对产城融合度 F_u 的脉冲响应，Response of F_u to I_n 部分显示的是产城融合度 F_u 对产业发展指数 I_n 的脉冲响应，通过脉冲响应可以得出，产业发展对产城融合有冲击作用，且在第 4 期左右达到冲击的峰值，反过来产城融合对产业发展也有冲击作用，且在第 2 期达到峰值。

图 6 - 7 是 F_u 和 C_i 的 VAR 模型脉冲响应，图中 Response of C_i to F_u 部分显示的是城市功能 C_i 对产城融合度 F_u 的脉冲响应，Response of F_u to C_i 部分显示的是产城融合度 F_u 对城市功能 C_i 的脉冲响应，通过脉冲响应可以得出，城市功能对产城融合有冲击作用，且随着时间的推移逐渐减弱，反过来产城融合对城市功能也有冲击作用，随时间推移渐次稳定。

其余各图也分别显示出波浪式的冲击和后期平稳保持，反映出产城融合与各变量及变量之间的动态互动作用，与理论分析基本一致，意味着产城融合的影响因素既能作用于产城融合，也受到产城融合的影响，并且这些因素之间也存在影响作用。

理论分析中显示出的作用因为忽略负面影响所以互动的作用结果一般均以正向影响表示，但在现实估计中，所关注的动态互动作用因为各种现实作用，估计中表现出有正有负的冲击影响关系，这并不与理论分析冲突，而且从估计结果看，这种冲击作用更说明了各变量之间的密切关系。

第七章 产城融合的效应分析

如前所述，产城融合在不同城市所呈现出的驱动与状态是有差异性的，而这种差异性所呈现的产城融合整体程度又会产生不同的效应，本章将在产城融合效应分析与实证测度基础上以陕西省为例检验产城融合的自效应与溢出效应的影响作用。

产城融合的效应影响从空间视角看，既有一个城市产城融合的对内发展促进，即对这个城市本身有着自我强化效应（自效应），也有对这个城市之外的其他地区的溢出效应影响。

第一节 产城融合的自效应

产城融合的自效应是产业发展与城市建设融合发展对城市与产业本身的影响效应，它包括选择效应和福利效应。

一 产城融合的选择效应

选择效应是针对集聚效应提出的，城市与产业发展都具有集聚效应，集聚效应是一种非常普遍的经济现象，但这种由于城市或产业的发展而在空间上产生的集中力，其吸引经济活动向一定地区靠近的经济效果随着城市与产业之间的不协调而减弱，正如前面所述的底特律的衰退一样，企业与人口会重新选择，不同于高估的集聚效应，选择效应应运而生。21 世纪初，Melitz 和 Baldwin 等将自选择行为理论引入城市与生产集聚效率的研究中，研究结果对于集聚经济效应可谓是极大的挑战（傅江帆等，2013）。选择效应是基于异质性经济主体在空间定位选择

行为分析的一种理论解释（李晓萍等，2015）。异质性经济主体的空间
定位选择行为会带来选择效应，即高效率的经济体会选择定位于市场化
程度高的大地区以获得更大的市场份额，而低效率的经济体则选择定位
于小地区以逃避激烈的竞争，并且大地区激烈的市场竞争也会迫使低效
率的企业退出，从而形成高效率经济体定位于大城市和低效率经济体定
位于中小城市的格局，内生地导致大中小城市区域的生产率差异
（Baldwin and Okubo，2006）。这种选择效应的内生性影响是不同于集聚
效应的另一重要发展机制，产城融合的选择效应正是通过城市自身与其
他地区的融合程度差异导致企业与人口的选择不同，进而带动城市产业
的升级转换和人口素质的提高，推动城市经济的可持续发展。具体的作
用过程如图 7 - 1 所示。

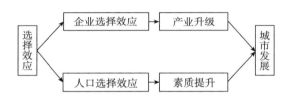

图 7 - 1　产城融合选择效应作用

（一）产城融合的企业选择效应

　　产城融合的企业选择效应是指通过产城融合影响企业进入城市的选
择及作用发挥，企业主动做出选择的关键是城市的市场经济环境，产城
融合程度越好的城市其市场需求密度越高，而企业会根据市场规模的大
小进行主动选择，因此竞争力强的企业会选择进入产城融合度高的大市
场生存与发展。这种企业选择效应的结果是更多优势企业进入城市形成
相互紧密联系产业部门的综合体，为城市生产创造合作优势，提高城市
生产效率，抵消聚集效应因为同质性拥挤效应对于生产效率的影响，带
动城市竞争力的整体提升。产城融合的企业选择效应还体现为城市产业
结构的升级转换，因为劳动密集型企业的生产率低于资本和技术密集型
企业，所以产城融合的良好投资环境会对资本和技术密集企业形成吸
引，产业环境等核心要素使企业主动选择效应更为突出，高效率与高附

加值的企业投资与发展会提升城市的产业结构优化,增强城市的吸引力。

(二)产城融合的人口选择效应

产城融合的人口选择效应是指通过产城融合影响人口流入城市的选择及作用发挥,产城融合越好吸引高效率、高素质人口的驱动越强,当人口因产城融合差异而发生流动时,人口本身质量的分布不但会影响城市区域的效率、收入及消费,同时作为消费群体,人口质量差异会导致产城融合区域更容易替换低效率生产商,使低效率企业难以持续运营,这样那些具备内生变量的报酬递增企业就会进入具有较高市场融合潜力的产城融合地区,为地区消费与投资的上升做出贡献。人口作为劳动力的源泉对大多数城市而言是城市增长与发展的重要因素,当城市在人口增长过程中出现生产率随着城市规模增长而下降的现象,这是由于集聚经济与集聚不经济相互抵消后而产生的净效应为负,所以当集聚不经济超过集聚经济效应,人口集聚会成为限制城市过度增长的阻碍因素,但是人口选择效应会克服这种障碍因素,对于产城融合的城市增长与发展形成积极影响。

二 产城融合的福利效应

产城融合的福利效应是指产城融合动态过程中对城市生产、消费、交换及收入等各方面的经济福利的影响。英国经济学家庇古(Pigou)是古典福利经济学理论体系的创立者,他认为社会经济福利在很大程度上是受到国民收入水平和国民收入在整个社会成员之间的分配情况影响的,因而,古典福利经济学的两个基本命题包括两部分:一是国民收入整体水平越高,社会经济的福利程度就越高;二是国民收入的分配越是呈现平等化,社会经济的福利也就越大。

以帕累托(Pareto)为代表的新福利经济学则认为,社会福利的核心是经济效率的体现而不是简单的公平。也就是说,如何达到社会的最优状态成为关键。而且帕累托还以序数效用论和无差异曲线的分析方法为基础发展了社会最大满足原则,即"帕累托最优状态",其主要内容是指在收入分配既定的条件下,对于某种既定的要素资源配置状态,资源在各部门之间的分配及使用已经达到这样的一种状态,即对于要素资源的任何重新配置，都不能使至少一人的状况变好而又不使任何人的福利减少的状态。帕累托对于社会经济福利的分析只注重解决经济效率问题，而没有对社会收入分配问题给予更多关注。

凯恩斯（Keynes）有效需求理论认为，国家福利的标准主要是充分就业和收入再分配，经济问题是供需不平衡的结果，因此需要通过国家财政促进总需求，让国家成为劳动力的最后救济者，通过国家支出和投资增加需求，使需求和生产供应相适应，提高国民收入并进一步增加社会保障开支，保证社会福利的提高。凯恩斯的国家干预思想在资本主义大危机时期起到了提振经济的作用，但基于资源配置的角度考虑，政府干预的交易成本不可避免地导致一定的效率损失，20 世纪 70 年代，西方各国相继出现"滞胀"危机，凯恩斯主义受到发达国家新一轮福利经济理论的挑战。不难看出，福利经济理论的核心就是为了实现社会经济效率及公平的收入分配，福利经济理论的差异主要体现在效率和公平的侧重不同上。产城融合的福利效应则遵循福利经济理论的目的从效率和公平两方面考虑，通过消费效应、生产效应、贸易效应及分配效应对城市社会福利产生影响，具体如下：

（一）产城融合的消费效应

产城融合的消费效应是指产城融合引起消费者经济利益的增加，进而带动宏观经济福利提升的影响作用。其主要表现在消费者多样化选择、消费者剩余增加、消费需求扩大等方面。

产城融合是一个城市与产业相互调整及和谐发展的动态化过程，城市发展过程中产业和城市的良性互动保证消费者逐渐提高需求层次的满足，从消费者维持劳动力简单再生产的基本生存消费品，到用于提高劳动技能和进一步发展机会的消费品，再到用于提高生活质量的消费品，产城融合可以满足消费者的多样化选择。

消费者剩余反映消费者在消费一定数量某种商品时愿意支付的最高价格与商品实际市场价格之间的差额，是衡量消费者福利的重要指标。产城融合在满足消费者多样化选择的同时，也会提升消费者的购买意愿和稳定市场价格，带来消费者主观福利收益的增加，社会总福利就在消费者剩余增加当中不断增长。

产城融合的过程也是消费需求逐渐增长的过程，消费需求是指消者对于商品与劳务的需求和欲望。当产城融合初期阶段，城市经济和产业经济处于不协调阶段时，消费者的消费驱动有限，消费领域比较狭窄，消费处于一种低水平状态。而随着产城融合程度的提高，社会生产力的不断发展，人们物质文化生活水平的日益提高，消费需求也呈现出多层次、多领域的扩展，消费数量日益增多，消费质量不断提高，消费需求不仅在数量上影响城市与产业的经济总量，也在结构上影响其发展方向，带动城市区域经济的产出增加与质量提升，改善城市社会福利的水平。

（二）产城融合的生产效应

产城融合的生产效应是指产城融合引起生产者经济利益的增加，进而带动宏观经济社会福利提升的影响作用。其主要表现在生产者柔性化生产、生产者剩余增加、城市生产总量增长等方面。柔性化生产是针对大规模生产弊端而提出的一种新型生产模式，所谓柔性生产是通过生产技术、人员结构、组织管理、运营方式等方面的改革，使生产体现能对市场需求的变化作出快速适应与调整，消除企业无用的损耗，为企业获得更大的收益。

柔性化生产需要技术支持和产业升级的推动，产城融合可以更好地为产业生产活动创造柔性生产所需要的物质技术基础，产城融合过程中生产与生活的协调能促进企业创新活动，开发出具有一定管理功能的柔性化生产制造系统，实现多品种部件的加工，同时产城融合还会促使管理、人员及营销的综合柔性改善生产，力求企业的生产与消费者需求相适应，为生产者带来更多经济利益。

生产者剩余反映生产者在消费一定数量某种商品时愿意接受的最低价格与商品实际市场价格之间的差额，是衡量生产者福利的重要指标。产城融合在促进创新实现企业柔性化生产的同时，也会降低生产者的生产成本，增加生产者剩余，即生产者的权益增加，社会总福利也在生产者剩余增加当中得以增长。

产城融合的过程也是城市生产总量增加的过程。产城融合的初级阶段，城市经济和产业经济处于磨合阶段时期，生产者的投资意愿不强，生产驱动有限，生产的品类相对受限，生产总量相对较低。随着产城融合进一步发展，投资环境得以优化，企业的投资意愿增强，生产规模逐渐扩大，生产驱动不断提高，企业可以向市场提供数量更多和质量更优的产品，以便更好地满足消费者的消费需求，产城融合的过程既会有生产创造需求的可能，也会有需求带动生产的必然，产业生产和城市生活相互影响作用，促进城市产业的优化与升级，增加城市生产的经济总量，推动城市经济社会的产出福利增长。

（三）产城融合的贸易效应

产城融合的贸易效应是指产城融合对于贸易条件及贸易净出口总额的影响效应。20 世纪 50 年代，普雷维什（Prebisch，1950）、辛格（Singer，1950）通过研究发现，在自由贸易的条件下，由于初级产品与工业制成品的需求收入弹性差别，发展中国家的出口结构刚性，以及由发达国家技术垄断优势引起的要素收入高于发展中国家等原因，导致发展中国家的贸易条件有恶化趋势。这是针对发展中国家主要出口初级产品和劳动密集型产品而言的，产城融合过程中城市区域经济因消费效应带来收入水平的提高，随着收入的增加，社会保障制度也在逐渐健全，收入分配差距的调节功能也日益强大，城市区域有效需求增加，这会导致贸易条件改善。产城融合也是就业与生活的融合，融合过程中劳动力供给的弹性会有所改变，劳动力的供给价格随着生活水平的提高而提高，就业的原始动力即劳动力生理和心理成本的弥补也会使劳动力报酬上升，带动消费结构升级，也会促进产业结构调整及优化升级，出口向高附加值的产业转移，进口消费品比例逐步提升，贸易条件逐渐改善，贸易动态利益逐渐增加。

产城融合是由技术进步推动的，反过来产城融合也将进一步促进技术进步，导致产业结构的高级化与贸易结构调整，使出口贸易中消费品的比例降低，投资品的比例上升，逐步提升服务技术型贸易出口的额度在总出口额中比重，改变消费品低水平进口和投资品高水平进口的状况，通过资本、技术及管理等服务贸易方式的输出能够进一步改善贸易条件，获得更多的贸易利益。产城融合的过程中渐次持续的产业和出口结构的变动，将逐渐改变城市区域的贸易条件，它表明城市区域经济发展中的贸易条件并非一蹴而就的，简单地根据区域经济禀赋进行分工获取短期静态的贸易利益，而是在产城融合的过程中利用区位优势进行功能转换，实现产业的发展目标，通过产业结构、贸易结构及要素禀赋的变化调整改善贸易条件，为城市区域经济获得长期动态贸易利益。

（四）产城融合的分配效应

产城融合的分配效应是指产城融合对于国民收入的增加作用进而对初始分配和再分配的影响作用。如前所述，产城融合具有消费效应、生产效应及贸易效应，消费、生产及进出口是构成国民收入的重要组成部分，是拉动经济增长的主要因素，所以产城融合通过消费、生产及贸易带动国民收入的增加，提高国民收入水平，体现福利的效率作用。同时，产城融合还对国民收入的初始分配和再分配产生影响，体现福利的公平作用。

初次分配是指那些直接与生产要素相联系而参与分配的国民总收入分配。任何的生产活动都离不开劳动力、土地、资本、技术以及企业家才能等生产要素的参与，在市场经济条件下，支付给这些生产要素一定报酬就形成了各种要素供给方的初次分配收入。产城融合对于初次分配的影响主要表现在国民收入的增加对于居民提供生产要素所得的个人收入的增加，企业在扣除其资本消耗和其他成本及税收后的企业净盈余收入的增加，政府在对产品和服务的生产和再生产中征收的税收收入的增加。初次分配主要是在市场机制的作用下进行的，政府对于初次分配一般而言不直接进行干预，生产要素价格是由市场供求状况决定的，产城融合的过程是城市区域经济推进各类市场发展的过程，是逐渐形成完整市场机制的过程，通过完善市场基础让各类市场正常运转，通过法律法规进行调节与保护，形成规范的商品生产者和交易者，保障企业生产规模和技术结构的提升，满足消费者的文化物质生活需要，提高国民经济的福利水平。

国民收入再分配是指国家各级政府主要通过税收及财政支出的形式参与国民收入的分配过程，是继初次分配后的国民收入在整个社会范围内的再次分配。在社会主义市场经济体制下，国民收入再分配是更好地体现公平的经济行为。产城融合对于国民收入再分配的影响主要通过财政收入、财政支出、银行信贷、价格变动等途径来实施。随着产城融合的发展，国民收入再分配的机制也进一步规范和完善，国民收入再分配会科学、合理、公正地在整个社会范围内进行再次分配，既能通过债务和税收保证国家财政收入的充足，集中财力为经济社会各项事业发展提供支撑条件，又能在城市融合的协调性过程中确保企业和个人的收入比例适合，满足国民经济按比例协调发展的需要。

第二节　产城融合的溢出效应

溢出效应是指一个或多个经济体在进行某些活动时会对经济体之外的社会组织产生的效果影响。简言之，就是活动的主体得不到的外部性效应。产城融合的溢出效应是指城市与产业和谐发展对城市周围地区或其他地区带来的外部性效应，本书侧重收益性正效应分析，主要包括辐射效应和累积效应。

一　产城融合的辐射效应

辐射原本是一个物理概念，是指物体通过一定媒介，进行能量传递的过程，引入经济学中则是指经济发展水平与现代化程度相对较高的地区向经济发展较为落后地区进行的资本、技术、人才等要素的流动以及思想观念、生活习惯等方面的传播。产城融合的辐射效应则为产城之间良性互动对周围及其他地区通过要素流动及思想传播带来的提高经济资源配置效率和经济发展的影响效应。产城融合作为城市和产业和谐共生的动态过程，对城市外区域的经济发展有着一定的辐射带动作用。

国外学者对经济辐射的相关研究主要体现在经济地理学理论。20世纪中期，法国经济学家佩鲁（Perroux）针对作为古典经济学假设的在实际应用中存在严重缺失的区域均衡增长理论，提出了增长极理论，增长中心通过"传导效应"逐渐向其他部门或地区扩散，带动这些地区的发展。瑞典经济学家缪尔达尔（Myrdal）在 1957 年提出了循环累积因果论，认为在一个动态的社会发展过程中，社会经济的各因素之间存在一定因果关系的循环累积，指出应充分重视空间意义上的"扩散效应"与"回流效应"。美国经济学家赫希曼（Hirschman，1958）则提出"中心—边缘"理论，认为应充分认识到"极化效应"与"涓滴效应"。上述传导、扩散、涓滴效应都具有一定辐射效应的含义。国内学者对这一领域的研究是随着都市圈在中国的逐渐发展而兴起的，始于20 世纪 80 年代，对于一定区域的经济辐射驱动，近年来还有国内学者在定性分析的基础上，采取了与定性对应的定量分析方法，试图确定区域经济辐射的驱动与范围，进一步完善符合中国特色的经济辐射理论。

溢出效应对其他地区经济的影响作用是通过极化效应和扩散效应体现的，产城融合的极化效应是指作为城市与产业协调发展而形成的城市增长极，能够在很大程度上吸引周边区域的各种生产要素，促进各种经济活动向中心聚集的过程，但对于周边地区而言，是一个负外部性效应；扩散效应是辐射效应的具体体现，经济要素和经济活动向周边地区扩散并带动周边地区发展的一个过程。极化效应与扩散效应均是距离系数的减函数，极化效应和扩散效应可用下面公式来度量：

$$s_r = s_0 \cdot e^{-ar} \tag{7.1}$$

式（7.1）中，s_r 为增长极的极化效应或扩散效应的强度，s_0 为增长极的极化或扩散强度的初始状态，a 为距离衰减系数，r 为距离（胡珑瑛、王建华，2001）。极化效应与扩散效应的初始状态和衰减系数各不相同，二者影响叠加产生溢出效应，极化效应、扩散效应与溢出效应的具体形态见图 7 - 2。

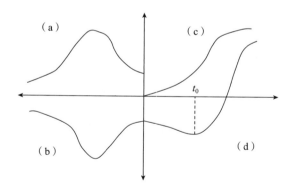

图 7 - 2　极化效应、扩散效应与溢出效应曲线

图 7 - 2 中所示，横坐标为时间，纵坐标为效应大小，（a）区为极化效应，（b）区为对周边地区而言的负效应的映射反映，（c）区为扩散效应，（d）区为溢出效应，t_0 为溢出效应阶段分界点，从原点到 t_0 的聚集阶段，极化效应大于扩散效应而产生的溢出效应，则表现为周边地

区的经济要素与活动向产城融合中心城市区域聚集，产城融合的溢出效应在此阶段为负值，随着产城融合的进一步发展，到分界点以后的阶段，极化作用开始逐渐减弱，而扩散效应逐渐增强，当扩散效应占主导地位所表现出的溢出效应，则是产城融合中心区域的经济要素与活动向周边区域扩散，产城融合的溢出效应在此阶段为正值。

产城融合的辐射效应主要表现在以下方面：

（一）产城融合的科学技术辐射影响

随着产城融合的发展，城市的科学技术水平逐渐提高，城市的技术聚集区与周围地域空间产生了势差，这种势差构成了辐射的基础。科学技术与普通商品的最大不同之处在于其具有溢出效应，技术溢出效应的发生主要来自两个方面，其一来自模仿与传播，其二来自竞争。模仿与传播是区际间技术信息差异的有效传递，竞争是市场经济下区际间资源配置的优化过程。产城融合的区域运用较高科学技术的生产水平能提高全社会的生产率，不仅局限于城市内，这种内生的技术进步的力量是区域经济增长的动力。产城融合通过城市技术、知识、产品及组织在周边区域的空间传播与扩散，使周边地区的整体技术水平提高，带动周边地区经济向集约化方向发展。

（二）产城融合的产业发展辐射影响

产城融合形成的和谐社会经济关系不仅使城市成为产业和人口相对集中的城市大社区，而且可以极大地推动周边区域相关产业链发展。如前所述，产城融合城市区域通常是科学技术与文化教育的中心，不仅对科学技术的发展振兴与文化教育的重视推广发挥着积极作用，而且对人的素质改变也产生举足轻重的影响，有利于产业、人口、城市的协调一体化。从供给角度来看，中心区域的产城融合有利于周边地区衍生出一系列的新兴产业活动，通过前向、后向的关联效应带来产业链增值效应，促进周边地区经济的进一步发展。从需求角度来看，中心区域产城融合的一体化发展会带动引致需求的出现与增多，促使商贸、文化及金融业等现代服务业的快速发展，进而在循环往复的过程中促进周边地区产业结构的逐渐升级，增加了整个城市及周边区域的经济发展活力，形成区域经济的螺旋式上升。

（三）产城融合的人力资本辐射影响

产城融合发展优良的区域在管理体制与市场化程度上也会相对科学与先进，因此在资源要素上具有一定优势，人力资本作为重要资源要素以其创新性特征发挥着充分的外溢作用，大力推动周边区域的现代化进程。这样的管理机制给人力资本提供了施展本领的机会与条件，使之能人尽其才。因此，产城融合对于人力资本有集聚效应，但是到达一定阶段后，随着科学技术的更新、产业结构的调整、经济发展的要求等因素人力资本在地区、行业、岗位等方面进行变动，产城融合对于人力资本的辐射作用逐渐增强，人力资本在周边地区的价值显现是生产社会化与科学技术整体化的客观体现，也是经济社会按照资源配置原则要求所进行的空间动态调节。

（四）产城融合的信息资源辐射影响

信息资源是信息的生产者、传递者及使用者的有机体，通过信息系统把这个有机体结合为一个整体，它提供了经济发展的各种机遇。城市与产业的共生共荣会形成众多信息资源，产城融合的信息资源在不同区际间的传播极具影响的深度与广度，信息资源是面广量大的应用内容，包括科学信息、管理信息、地理信息、教育信息、医学信息、金融信息等各方面的信息资源，通过信息传递把信息系统中的各要素信息转化为具有实际的效用与价值传递到相近区域，为周边地区得到优质资源和发展机遇提供了平台，激励周边地区的产业结构升级，完善周边地区的产业链条，促进整个区域经济向现代化方向发展。

二 产城融合的累积效应

累积效应是指产城融合具有长期示范与对比等影响作用。累积效应主要通过示范效应、学习效应、同化效应和对比效应传递溢出影响作用，具体效应作用如下（见图 7 - 3）。

（一）产城融合的示范效应

示范效应这个名词最早是心理学家对人类活动行为研究所作的总结，后用于经济学的消费行为分析，是指消费者在既定收入水平下，会不自觉地和其他消费者对比，以认定自己所属的消费关系及结构，此时其他消费者的消费水平对这个消费者的影响，被称为示范作用。广义而

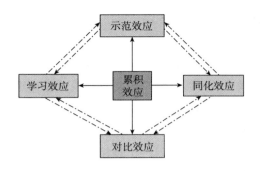

图 7 - 3 产城融合的累积效应

言就是某一经济主体会对其他经济体的经济行为产生示范作用，即某一经济体以其自身的各种活动或者意识形态等方式引起的对于其他经济体的活动或思想产生的各种影响及变化作用。一个有密切联系的社区社会互动的例子就是榜样影响，一个人的行为规范高出同龄甚至高龄群体就会在社区形成影响，并对不同的角色产生心理示范影响（J. Vernon Henderson，2004）。产城融合示范效应是指产城融合区域对于其他地区的示范带动作用。

产城融合的区域因其城市与产业的和谐共荣，聚集了先进的科技、技术、人才及管理于一体，其先进经验提供了示范效应，为周边地区的发展展现了良好的示范模式。在市场经济条件下，周边地区因其在地理上相近、文化上相类似的特征而成为示范效应最为强烈的感应区，特别是在产城融合比较优化的情况下，产城融合的示范效应表现得更加明显，无论是消费、投资还是进出口贸易，示范作用在产品和服务上体现为参照标注并不断推广新产品，以便为各领域创造更多新的机会。如此，市场供需就会得到进一步扩大，生产与生活也得到丰富和提高，再通过播散、仿效等具体的示范方式，为周边地区提供更多的合作资源和发展机会，对周围地区的经济发展起着比较重大的作用。

（二）产城融合的学习效应

产城融合的学习效应是指产城融合过程中各产业之间的学习及对周边地区的动态比较优势推进的作用影响，学习效应是带来产业报酬递增的重要决定因素。产城融合学习效应是由示范效应带动的，学习作用源自"干中学"理论，20世纪60年代初阿罗（Arrow）提出了"干中学"（learning by doing）理论，在将劳动与资本作为关键变量的柯布—道格拉斯生产函数基础上，通过分析劳动资源在从事生产过程中获得知识并作用于内生增长的机制，推导出具有规模收益递增的生产函数。

周边地区的经济主体可以从产城融合的城市发展中通过学习效应得到吸收和实践，提升城市区域经济发展的质量。通过学习效应形成产品与劳务生产部门与服务部门同时产生规模报酬递增，进而改善周边地区的生产与生活条件，促使城市区域的经济增长与发展。城市与产业在产城融合的过程中逐渐开创新颖而先进的生产流程和技术等副产品，从而有助于增加知识总量的积累与科学技术的提高，知识总量的增加可使所有产业生产的效率提高，科学技术的提高可以使产业结构优化，学习效应通过知识、技术的溢出效应，体现了知识积累的外部性，让产城融合经济活动的副产品为城市区域的经济发展提供更多动力源。

（三）产城融合的同化效应

同化作用原是指经济体声誉跨越了经济体边界，对其他相似经济体产生的类似影响，它与对比效应都是经济体社会责任表现的溢出效应体现（费显政等，2010）。产城融合的同化作用则体现为产城融合的互动程度对相似区域的影响作用。

产城融合的同化效应表现为对周边区域的一荣俱荣上。面对城市区域经济发展的利益诉求，产城融合是对社会利益、经济利益及环境利益的综合协调，产城融合通过城市与产业的良性互动作为建立城市声誉的重要途径，并从中获得社会经济利益。因此，周边地区和产城融合区域的相似度是认同的重要标识，即产城融合区域和周边地区在社会特征、经济结构及资源环境等方面的相似程度。简言之，这种相似度越高，同化效应越强，产城融合对周边地区的影响也越大，周边地区会因为中心地区的产城融合程度而接受资源配置效率的相关收益也越多，进而提升周边地区的自我评价水平，在同化过程中逐渐获得经济增长与发展的空间。

（四）产城融合的对比效应

产城融合对比效应是指产城融合的协调关系对其他周边地区对比激励的影响作用。在产城融合学习作用和同化作用下，对比作用起着催化剂的作用持续发展功效。对比效应作为心理名词的解释是指因背景不同而产生的感觉差异的现象，反差较大的事物同时呈现，比它们各自单独呈现所得到的感受要强。作为管理学名词是指在绩效评定中，某人的绩效受到其他人影响的绩效评定。

产城融合是城市、产业、人口有序发展的体现，是城市功能优化与产业协同发展的动态过程，产城融合的协调关系对于周边地区会形成对比效应，有利于充分显示城市区域之间的矛盾，突出产城融合的本质特征，加强对其他区域的刺激效果和感染力度。城市区域虽然有相似之处，但是作为不同的区域经济体，无论是要素资源、经济结构、城市化水平还是环境等经济特征都各有差别，因此周边地区在对比效应下分析区际之间的差距与不足，才能更好地调整区域布局与功能的统一，寻求生产活动与服务活动良性互动的对策出路，改善城市与产业的共生互惠关系，保证更广大地区居民的居住与就业的融合及经济与环境的协调。

第三节 产城融合效应的实证分析

一 产城融合的自效应实证分析

通过产城融合自效应理论分析可知，当一个地区的产业、城市、环境各项功能融合程度较高时，其城市产业的发展规模往往较大，人口素质较高，经济发展速度也较快，对生产、消费、进出口的影响也就越大，意味着该地区的经济发展水平也受到产城融合的自激影响。GDP指标是一个综合指标，核算项目包括消费、投资、净出口等内容，以GDP为主要表征的城市经济发展会受到产城融合发展的效应影响，本章选取 $\ln PGDP$ 作为被解释变量综合反映产城融合自效应，主要解释变量为产城融合度；另外，根据经济增长与城市化理论，将人均固定资产、从业密度、教育程度及利用外资水平等变量引入计量模型，作为控制变量用来考察投入要素对城市经济发展的影响效应，本书设定产城融合自效应的回归计量模型如下①：

$$\ln PGDP_{it} = \alpha + \beta_1 Fu_{it} + \sum \beta_j control + \mu \qquad (7.2)$$

式（7.2）中，各变量下标 i 代表城市地区，j 代表控制变量个数，t 代表年份，$PGDP$② 代表第 t 年的城市人均增加值，Fu 代表产城融合度③，$control$ 代表一系列控制变量，μ 代表残差项。

模型的控制变量设置见表 7-1。根据研究思路，这里重点关注的是 $PGDP$ 和产城融合度之间的关系。考虑到数据可比性、可视性与模型自相关等问题，被解释变量取人均 GDP 对数值。此模型的核心解释变量为产城融合度，根据前述理论分析，我们预期该指标的作用显著为正。

表 7-1   控制变量解释

变量性质	变量名称	变量含义	计算方法
控制变量	Pca	人均固定资产投入	固定资产投入/城市人口
	Lde	从业密度	从业人口/城市土地面积
	Edu	教育程度	城市高等学校与中等学校在校人口数/总人口
	Ufe	利用外资水平	城市利用外资额/城市增加值

在控制变量中，模型选择控制了一系列可能会影响到人均 GDP 的因素。城市经济与产业投入要素的变动紧密相关，一方面，城市经济发展需要大量的劳动力与资本投入；另一方面，投入要素的质量与途径对于城市经济的贡献也越来越明显，这些都会影响城市人均 GDP。因此，这里将人均固定资产投入、从业密度、人口教育程度及外商直接投资占比作为模型的控制变量。

———————

① 刘瑞明、石磊：《中国城市化迟滞的所有制基础：理论与经验证据》，《经济研究》2015 年第 4 期。

② 各城市地区的 GDP 数据按照相应 GDP 平减指数进行调整，同此，固定资产投资数据也进行了调整，因此模型中此类变量的变动中已不包括价格变动的影响。

③ 此处产城融合度是根据第五章测度模型剔除 GDP 与人均 GDP 指标而计算的产城融合测度值。

　　大量研究表明面板数据比截面数据能提供更多信息与变化，对于控制难以察觉的内生性问题也更有效（J. Vernon Henderson，2004）。因此，研究采用陕西13个县级及以上城市16年的相关数据进行面板数据的经验分析。在面板数据分析中，要考虑非观测效应中的个体成员效应与时序效应，是否与模型中的解释变量相关，从而决定面板数据模型采用固定效应还是随机效应的方法来进行估计，或者是个体效应与时序效应无显著性差异，直接采用混合横截面模型的方法来估计。首先对面板数据进行估计的 Hausman 检验来选择固定效应与随机效应的估计方法，Hausman 检验的检验统计量为18.6579，伴随概率为0.0083，因此，拒绝固定效应与随机效应不存在系统差异的原假设，采用固定效应（变截距）的估计方法。固定效应的估计结果（见表7-2）。

表7-2　　　　　　　　产城融合自效应模型的估计结果

变量及变截距	系数	标准差	t - 统计量	概率
C	3.8489	0.2750	17.2793	0.0000
Fu	2.2132	0.6837	4.8216	0.0015
Pca	0.0730	0.1350	2.3501	0.0038
Lde	0.3893	0.5337	0.9281	0.0206
Edu	0.1309	0.0859	3.2079	0.0021
Ufe	0.0079	0.0028	2.6951	0.0035
Fixed Effects（Cross）				
XA—C	0.7779			
TC—C	-0.0217			
BJ—C	0.4551			
XY—C	0.0748			
WN—C	-0.0661			
YA—C	-0.2918			
HZ—C	-0.1799			
YL—C	-0.4653			
AK—C	0.0656			
SL—C	-0.3488			

变量及变截距	系数	标准差	t – 统计量	概率
XP—C	0.1607			
HC—C	0.2966			
HY—C	– 0.4569			

估计结果的调整 R^2 为 0.9781，DW 为 1.8563，说明估计结果具备有效性。产城融合自效应面板数据模型估计结果表明，在控制了其他变量之后，产城融合度在 1% 的水平上显著为正，这表明一个城市的产城融合程度越好，对城市经济发展越有正向促进作用。同时，在控制变量中的结果显示中也可以看出，以城市地区的资本、人口为代表的各变量对城市经济发展具有较为明显的自效应作用，除了外商直接投资占比未通过 10% 的显著检验，其余均通过了 5% 显著性水平下的统计检验。16 年来陕西各城市地区的产城融合发展对经济增长起到了较大的作用，产城融合度每增长 2.2132%，将带动城市经济增长提高 1 个百分点，产城融合的效应超过了控制变量人均固定资产投入、从业密度、教育程度及利用外资水平的效应影响，这四个变量的弹性值分别为 0.073、0.3893、0.1309 和 0.0079。总之，从估计结果看，陕西城市地区的产城融合对城市自身经济发展起到了不可忽视的作用。

二　产城融合的溢出效应实证分析

产城融合不仅对城市自身的经济发展、产业结构和消费等经济活动有促进作用，同时也对周围区域经济带来辐射与累积效应，探究产城融合对区域经济发展的溢出效应具有重要的现实意义。空间经济学认为，一个地区的经济地理行为与邻近地区的经济行为会表现出一定程度的空间相关特征，即空间依赖性或自相关性，揭示了区域之间的集聚、辐射及异质现象，因此，产城融合的溢出效应可以通过实证分析中不同城市的差异性特征反映出较高融合能力对于周边地区的效应影响。

根据前述分析可知，陕西省各个城市存在空间非均衡分布特征，影响这种空间异质性的因素是综合多样的，要检验产城融合与经济发展[①]的空间自相关性需要 Moran's I 指数，以检验变量是否具有空间相关性。Moran's I 指数公式如下：[②]

$$I = \frac{\sum\limits_{i=1}^{n} \sum\limits_{j=1}^{n} (x_i - \bar{x})(x_j - \bar{x})}{S^2 \sum\limits_{i=1}^{n} \sum\limits_{j=1}^{n} w_{ij}} \qquad (7.3)$$

式（7.3）中，$S^2 = \dfrac{1}{n} \sum\limits_{j=1}^{n} (x_i - \bar{x})^2$，$W_{ij}$ 是空间权重矩阵[③]，采用标准化统计量 Z 来检验空间自相关的显著性水平。分别计算 2000—2015 年度陕西省 10 个地级及以上城市的产城融合与经济发展的 Moran's I 指数，并得出相应的 p 值，如表 7 - 3 所示。16 年产城融合和经济发展的 Moran's I 值中有 1 年产城融合未通过显著性 10% 的检验，有 3 年二者未通过显著性 5% 的检验，其余年均在显著性 1% 的水平下通过了空间自相关的检验，可以比较确信产城融合与经济发展两者表现出了一定的空间依赖性，且呈现出空间正相关的关系。

表 7 - 3　　　　　　　　陕西城市各年 Moran's I 指数计算值

年份	Moran's I（产城融合）	p 值	Moran's I（经济发展）	p 值
2000	0.063	0.135	0.208	0.020
2001	0.196	0.027	0.303	0.000
2002	0.161	0.041	0.102	0.056
2003	0.288	0.001	0.284	0.000
2004	0.276	0.002	0.300	0.000
2005	0.311	0.000	0.117	0.053

---

①　此处产城融合与经济发展是以地级及以上城市市域范围 16 年产城融合程度与人均 GDP 均值为代表。

②　潘文卿：《中国的区域关联与经济增长的空间溢出效应》，《经济研究》2012 年第 1 期。

③　空间权重矩阵反映不同空间截面单元的经济或地理属性值之间相互依赖的程度，有多种多样的构建类型，本书采用 0—1 邻接权重矩阵，当区域 i 和区域 j 邻接时，权重为 1，否则为 0。因为陕西三个县级市和地级市不是相邻关系而是从属关系，所以此处选取 10 个地级及以上城市进行分析。

续表

年份	Moran's I（产城融合）	p 值	Moran's I（经济发展）	p 值
2006	0.100	0.058	0.292	0.000
2007	0.359	0.000	0.205	0.022
2008	0.167	0.040	0.285	0.001
2009	0.084	0.075	0.294	0.000
2010	0.326	0.000	0.332	0.000
2011	0.208	0.021	0.229	0.005
2012	0.201	0.023	0.197	0.026
2013	0.358	0.000	0.303	0.000
2014	0.238	0.001	0.176	0.032
2015	0.193	0.025	0.287	0.000

本书主要是从产城融合的角度分析不同城市区域的空间相关性。对于效应的分析，空间计量经济学通常采用空间杜宾模型（SDM）的估计方法，SDM 是空间滞后模型（SLM）和空间误差模型（SEM）的一般表现形式，其模型形式如下：[①]

$$Y = \alpha + \rho WY + \beta_1 X + \beta_2 WX + \varepsilon \tag{7.4}$$

式（7.4）中，WX 表示自变量的空间滞后项，β_1 是因变量的系数，β_2 是因变量的空间滞后系数，α 为常数项，ε 表示误差项。SLM 和 SEM 是 SDM 的特殊形式，SLM 适用于研究一个地区的经济行为受其邻近地区经济行为溢出影响的情形，而 SEM 适用于研究地区之间的作用因其所处的位置不同而存在的差异情况。本书针对产城融合的溢出效应选取城市产城融合程度作为主要解释变量，采用物质资本投入水平和城市规模作为控制变量。鉴于本书重点关注产城融合发展程度对城市经济发展的空间溢出效应，不仅要考虑到本地区产城融合发展程度对城市经济发展的影响，同时还要考虑到邻近城市区域产城融合程度与经济发展对本地城市经济发展水平的影响，因此本书将采用空间杜宾模型（SDM），

---

① 金春雨、陈霞、王伟强：《我国八大经济区服务业空间集聚与专业化变动趋势及其空间效应分析》，《当代经济研究》2016 年第 7 期。

具体形式如下：[1]

$$\ln PGDP = \alpha + \beta_1 Fu + \beta_2 \ln K + \beta_3 \ln S + \delta_1 W \ln PGDP + \delta_2 WFu + \delta_3 W \ln K + \delta_4 W \ln S + \varepsilon \tag{7.5}$$

式（7.5）中，$PGDP$、Fu、K、S 分别表示人均 GDP、产城融合度、固定资产投入及城市规模，W 表示空间权重矩阵，$W \ln GDP$ 为被解释变量的空间滞后项，WFu、$W \ln K$、$W \ln S$ 为解释变量的空间滞后项。α 为常数项，β 与 δ 表示回归系数，ε 表示误差项。

根据空间面板模型估计的基本步骤，应进行空间自相关性 LM 检验，通过非空间面板模型的比较，对是否适合构建空间面板模型做出进一步判断，Hausman 检验值为 46.3793，p 值为 0.000，拒绝了随机效应的原假设，应选择固定效应模型，非空间面板固定效应模型参数估计及空间自相关性检验结果如表 7 - 4 所示。

表 7 - 4　　　　　　　　　非空间面板固定效应模型参数估计

变量	空间固定效应模型		时间固定效应模型		双固定效应模型	
	系数	p 值	系数	p 值	系数	p 值
C	6.3178	0.0005	15.3627	0.0029	3.1980	0.0011
Fu	3.7529	0.0039	2.9631	0.0021	1.8274	0.0025
lnK	1.3826	0.0018	0.1793	0.2932	1.7565	0.0006
lnS	0.1967	0.0633	0.1395	0.0651	0.3964	0.0097
LM test no spatial lag	0.0005				0.0256	0.0016
LM test no spatialerror	0.0003				0.0019	0.0001

如表 7 - 4 所示的固定效应的非空间面板回归结果，LM 的检验结果在 5% 的显著水平下拒绝了没有空间误差或者空间滞后影响的原假设，适用杜宾模型，而且双固定效应模型的估计有效性更好，因此选择空间杜宾模型的双固定效应估计，模型估计结果如表 7 - 5 所示。

---

[1]　潘文卿：《中国的区域关联与经济增长的空间溢出效应》，《经济研究》2012 年第 1 期。

表 7 – 5 空间杜宾模型固定效应估计

变量	系数	标准误	T 统计量	p 值
C	10. 3132	1. 6145	6. 4021	0. 0056
Fu	2. 8098	0. 5865	4. 8015	0. 0018
lnk	0. 5547	0. 3043	1. 8266	0. 0854
lnS	− 0. 1465	0. 0870	− 1. 6878	0. 0909
WlnPGDP	0. 3691	0. 1598	2. 3144	0. 0295
WFu	3. 1691	1. 3508	3. 0747	0. 0050
Wlnk	− 0. 1216	0. 1293	− 0. 9423	0. 3782
WlnS	0. 6315	0. 3346	1. 8913	0. 0750
Adjust R^2	0. 9739			
Wald spatial lag	18. 2835	0. 0007		
Waldspatial err.	17. 7526	0. 0008		

　　依据空间杜宾模型可以得出，从整体上看，三个变量均在 10% 的显著性水平下通过了变量的显著性检验，产城融合还在 1% 的显著性水平下通过了变量的显著性检验。这说明陕西省城市经济发展受到产城融合、固定资产投资和城市规模等变量的显著性影响，该模型具备一定的解释力。产城融合和经济发展呈正向关系，产城融合每提高 1 个百分点，人均 GDP 提高 2. 81 个百分点，这说明产城融合对于城市经济发展具有正向促进作用。产城融合与权重矩阵乘积的系数 3. 17 也通过了 1% 的显著性检验，这说明产城融合对城市经济发展产生了一定的外溢效应，当地的产城融合发展会对邻近城市的经济发展产生一定的正向影响，这说明产城融合具有一定的空间溢出效应。

　　固定资产投资变量与城市经济发展呈现正向关系，变量每提升 1 个百分点，人均 GDP 提高 0. 55 个百分点，说明固定资产投资对于本地城市经济的发展有正向推动作用。而固定资产投资与权重矩阵乘积的系数为负的 0. 12，说明固定资产投资对于邻近城市的经济发展有一定的负向影响，这反映出城市过度投资带来的回流效应对周边地区的资源掠夺，这和缪尔达尔的研究结论相一致。城市规模每提高 1 个百分点，人均 GDP 反而降低 0.15 个百分点，这说明城市的扩张对于城市经济的发展有一定的负向影响，因此，城市扩张的速度要适度。城市规模与权重矩阵乘积的系数为 0.63，反映出城市规模对于邻近地区的溢出影响要大于对当地经济的影响，这反映出城市规模的辐射效应，体现了城市化进程对改善区域经济方面发挥的重要作用。

第八章　产城融合发展重点与政策建议

　　未来产城融合的发展，必须适应地区实际的发展状况，因地制宜制定相关对策，遵循先进科学的理念，坚持以人为本，以城市功能定位为基础，以资源开发和生态保护为重点，整体优化布局城镇产业，构建大中小城市及小城镇特色突出、优势互补的产业发展格局，促进各地产业结构升级，转变城镇经济发展方式，提升城镇要素集聚、科技创新及公共服务等能力，通过老城与新城的联动推进，使城市建设与产业发展有机结合起来，实现新型工业化、信息化、城镇化及农业现代化的同步协调发展，实现生产、生活与生态的融合，推动城市区域的城乡二元结构转变，提升城镇化水平和质量，提高人民物质生活水平与质量，保证产城有机体系整体的协调稳定地发展。

第一节　产城融合的发展重点

　　产城融合的发展是要全面提升产城融合的水平与能力，尤其要加强产城融合的联动桥梁功能，通过产城融合能力的提升驱动产城融合水平的进一步提升。

　　第一，推动城市科技创新，提高生产力水平，加强城市与产业的连接。科技创新是带动经济社会发展的强大软实力，是推动生产力水平提高和城市化水平发展的动力源泉，以科技革命催生的相关产业为依托的新兴城市是科技创新作为产城融合发展重点的有力佐证。科学技术的出现与发展，不但会改变世界经济格局，还会影响世界经济主体中的每一位成员，大数据、云计算、3D 打印、物联网、新能源等新一代科学技术产业的崛起，最大限度地推动科学技术的进一步创新，依托科技创新的力量，释放城市生产力水平，提升城市功能与发展水平，节约利用空间资源，保障城镇生态居住环境质量，解决城市化进程中的人口过快增长、资源承载力有限、环境污染等各种现实问题。

第二，完善城市公共服务水平，提升生产效率与生活质量，促进产城进一步融合。城市公共服务是保障和改善民生的共享资源，是提升生产效率与居民生活质量和惠及全民的必要条件。促进公共服务建设与发展，推进基本公共服务一体化，是产城融合发展的关键，是城市经济社会和谐发展的必然之举。重点加快城市基础设施建设，完善教育、卫生、就业及治安等服务体系，保证城市居民生产与生活的同生共荣。全面推进平安城市建设，积极发挥政府和社会协同互联作用，形成政府和社会协同治理安全体系，保障城市居民的基本权益不受伤害，增强城市社会经济发展活力。

第三，培育城市环境发展，尊重市场作用，营造良好的文化氛围，保护与建设城市生态环境。环境发展因素也是联动产业与城市的重要因素，培育城市环境发展有利于提升产城融合能力，进而提升产城融合水平。要处理好政府与市场的关系，充分尊重市场在经济活动中的作用，发挥市场在资源配置中的决定性作用，更好地体现政府作用①，这样也才能充分发挥市场与价值规律，推动资源配置效率最优化。良好的文化环境也是更好地促进产业与城市和谐发展的纽带，应开展群众性的文明创建活动优化文化环境，构建和谐型社会。坚持城市与产业发展必须遵循自然承载能力，坚持污染防治和生态环境保护同步实施，不能以牺牲生态环境为代价换取局部利益。大力加强生态环境的建设与保护，促进产业与城市的和谐发展。

第二节　中国区域产城融合发展的政策建议

一　东部地区的政策建议

东部地区的产城融合水平与能力综合平均指数均为最高，在能力指

---

① 党的十八届三中全会将市场在资源配置中起基础性作用修改为起决定性作用。

数的联动桥梁维度上也与最低指数拉开较大差距，但是在水平指数的居住与服务维度上排名最后，在能力指数的城市功能维度上与最低指数差距最小，这反映出东部地区产城融合的优势与劣势，政策建议上应发扬优势，弥补劣势，其具体为：

（一）提升自主创新能力，进一步增强城市竞争力

改革开放以来东部地区大量引进国外资金与先进技术及管理经验，在经济总量、产业规模及城镇化水平等方面都有显著增长，有力地促进了区域经济发展，也为东部地区在继续引进的同时着力提高自主创新能力提供了基础条件，为尽快形成核心竞争力提供支撑。

东部地区应进一步加大对科学技术的投入，特别是基础科学以及新材料、新能源、海洋生物等高科技领域的投入；加强保护知识产权，大力扶持区域内拥有自主创新能力与自主知识产权的知名品牌民族企业，并对自主创新企业给予税收方面的优惠政策；改变应试教育机制，大力培养青少年的综合创造力，通过高薪入股等方式吸引国内外高科技人才，为自主创新集聚人力资本；成立与壮大高科技创业投资公司，为高新技术企业提供宽裕的资金环境，企业应按一定的产值比例设立专项研发资金，为进行科技创新活动提供资金保证；进一步完善以企业为主体、以科研人才为主力的产学研结合的创新体系，加速科技成果的转化，实现资金、技术、产业的良性循环发展，增强东部地区城镇竞争力。

（二）完善公共服务一体化与环境发展，提升城市化的质量水平

东部地区推动产城融合发展的重要举措之一是进一步完善公共服务一体化与环境发展，提升城市化质量水平。公共服务一体化既是各城市内部的城乡公共服务一体化，也是不同城市之间的公共服务一体化。目前，东部地区已在交通、医疗、教育等公共服务方面给予居民极大的便捷，提高了东部地区居民的生活质量水平。未来东部地区还应继续加大公共服务一体化的进程，形成由政府、企业及社会团体等多方主体提供的公共服务供给机制，多方合作有效实现区域基本公共服务一体化。实施公共交通优先发展的战略，大力发展公共交通，形成布局合理、运行高效的综合交通运输体系，全面实现公共交通一体化，提高居民出行效率。发挥优质教育资源的辐射带动作用，促进教育资源的均衡配置，根

据东部地区产业布局的要求，形成城市区域的职业教育特色，实现教育与就业的互补。

　　进一步完善公共医疗卫生服务一体化的制度机制，建立健全基本卫生机构与服务网络，实现卫生服务资源与信息共享，实现各市之间或内部的不同群体之间公共医疗卫生设施和服务标准的一致性。进一步完善公共就业服务体系，进行统一的就业失业登记管理服务，让不同社会群体享受同等的就业服务，全面实现就业服务标准统一化。统筹发展东部城市区域的信息技术应用与信息资源的管理、开发及利用，实现公共服务一体化的社会管理网络化。

　　进一步加强法制建设，通过健全的法律法规体系保障市场化过程的规范化，减少市场化改革中出现"暗箱操作"，减少市场化过程中的公私勾结成本和风险因素，通过完善的法制建设为市场经济提供有效的保障。转变政府职能，提高政府政策的透明度，完善政府监督及信息服务，加强文化事业的宣传工作，运用合法合理手段保护与建设生态环境，保证企业、居民对经济制度的信赖，消除企业投资和个人消费的后顾之忧，为提高产城融合发展提供更好的环境支持。

　　（三）升级城市功能，促进居住与服务的和谐

　　东部地区虽然在城市整体功能上略有优势，但也面临较大的挑战，既有劳动密集型和资金性产业进入衰退阶段带来的土地、原材料等资源要素价格上涨的压力，也有消费层级不高停留在通信、住宅、汽车等消费品上带来的居住成本的大幅增加，造成东部地区的居住与服务落后其他地区的局面。同时，东部地区虽然公共服务较为先进，但是因为东部地区人口密集，也导致服务与居住割裂的问题。因此，东部地区要升级城市功能，促进居住与服务的和谐。

　　推动东部地区升级消费层级，进一步释放内需潜力，既能带动生产供给的转变，又能通过扩大内需拉动城市经济增长。引导东部地区未来消费结构升级转型的主要方向是教育、娱乐、文化、医疗、保健、旅游等方面的消费，消费结构的变化会影响着经济发展和总供给结构的变动，由此缓解居住成本高的现实问题。完善收入分配制度与社会保障体系是消费升级的保证，只有居民收入的不断提高，才能提高居民消费水平和消费预期，增加居民对文化、教育、卫生、环保等方面的普及力

度，提倡居民对绿色、健康、生态等健康商品的消费；引导企业生产与消费的良性循环，努力提高产品质量，进一步带动生产增长和劳动力收入增加，进而推动消费升级转换，带动城市与产业的协调发展。合理控制人口增长，降低人口增长速度，有利于缓解东部地区城市规模承载压力。通过与行政手段、经济利益的结合，提高人口增加的经济成本，降低人口增加的经济收益，确保居住与服务的和谐。

二　中部地区的政策建议

中部地区的产城融合水平的综合平均指数低于东部地区和西部地区而高于东北地区，产城融合能力的综合平均指数低于东部地区而高于西部地区与东北地区，总体上还有一定的优势，但是在水平指数的资源与效率的统一维度、生产与生活的互动维度上均排名最后，这反映出中部地区在资源合理配置与利用上存在问题，同时在产业生产与生活水平上也有一定问题，针对于此的政策建议具体为：

（一）加强人力资本投资，增强资源配置效率

人力资本投资是软件建设，不仅是为了区域经济短期利益，关键是能为经济发展带来长远的价值。加强人力资本投资除了能为个人本身获得更多货币或非货币收益，主要的是还能在人力资本投资过程中提高劳动力的数量及质量，提高资源配置与利用的效率，保证产业发展的需要。通过推动公共医疗和个人保健及锻炼，增强居民身体素质，提高居民的寿命、耐久力、精力及生命力强度，既减少人力资本投资的意外风险，又增加人力资本投资回报率，提高劳动力的供给数量，更好地满足产业转移对大量劳动力的需要（张衍等，2005）。增加财政性教育经费投入，建立地方性教育发展基金制度，为教育发展提供资金基础，加强教学设施与教师队伍的建设，努力实现教育现代化，使各级各类学校教育能够适应自身和经济社会发展的需要。

在加大基础教育投资的基础上，加强职业技术培训，建立政府、社会或企业各级各类继续教育机构，培训在职人员，帮助从业人员的科学与文化素质提高，协助更多劳动者适应由于产业迁移而导致的就业变化。加大教育宣传力度，鼓励各种形式的深化教育、增进知识、改进技术等活动，提高人口素质水平，为产业生产活动提供结构型就业保障。

转变传统观念，建设有利于人力资本成长与发展的社会文化环境，制定优惠的人才政策，吸引国内外人才的流入，增加中部地区人力资本的积累，进而推动中部地区的社会生产力进步与资源效率的提高。

（二）提升产业层级，增强产业生产新动能

中部地区相对于东部沿海地区，存在产业定位不清晰、产业结构层级较低、重工业超前发展、轻工业滞后等产业结构问题，产业结构演变的推动作用还没有充分发挥，产业集群的有效互动也没有很好展现，所以，适应城市需求的产业结构战略调整至关重要。通过建立创新机制、构造良好的产业发展环境、出台激励扶持政策等措施，走出创新驱动型的新型工业化道路，在"互联网＋"的产业发展新形势下，加快培育高科技产业，推动传统产业转型，促进高成长性产业发展，推进产业向中高端型产业迈进，通过优化产业结构，带动城市与产业和谐健康发展（张明之，2003）。

因为可持续发展战略对中部传统能源产业的需求下降，以及西部天然气与水电开发对中部地区产业的冲击，所以中部地区应尽快基于产业的增长潜力、关联程度、就业功能、技术进步及可持续发展性等基准特征为选择原则，选择强化区域内主导产业，如生物医药、电子信息、新材料与新能源等高新技术产业及现代服务业，接续替代中部地区传统优势的煤炭与石油工业及制造业等产业，通过主导产业的选择形成未来区域发展的支柱产业，提升中部地区产城融合的能力与水平。

（三）培育消费环境，提高居民生活水平

中部地区的居民消费能力较弱，主要不是因为收入问题而是受消费观念的影响，中部地区的生产力与消费力相比较为低下，导致在生产与生活维度上的落后。未来中部地区要培育积极的消费环境，提倡合理有序的消费，提高消费生产占比，带动消费商品化，促进服务业的扩大，提高居民的生活水平。通过对医疗、教育、失业、养老、保险等社会福利保障制度的进一步具体化、透明化改革，最大限度地降低居民支出预期，使未来支出中不确定的部分转化为确定部分以保证消费的支出。通过法律法规的制定，整顿与规范市场经济秩序与行为，通过进一步完善消费者权益保护法，严厉打击消费欺诈行为，保护消费者权益不受损，增强消费者消费意愿与行为，建立与完善个人信用制，扩大消费信贷的品种，在消费热点的刺激下形成消费经济，促进地区经济生产。

三　西部地区的政策建议

西部地区的产城融合水平的综合平均指数低于东部地区而高于中部地区与东北地区，产城融合能力综合平均指数低于东部地区与中部地区而高于东北地区，产城融合能力低于产城融合水平排名，这说明西部地区在产城融合水平上比中部地区强，但在未来发展潜力上即产城融合能力上还是处于较弱状态，尤其是在能力指数中的联动桥梁维度上西部地区排名最后，产业发展维度和城市功能维度上均为倒数第二，针对于此的政策建议具体为：

（一）加大基础设施建设，改善投资环境

西部地区作为"一带一路"的重要区域，在联通中国与亚欧方面发挥着门户作用，实施西部大开发战略以来，西部基础设施建设获得较快发展，全国国道主干线在西部地区的路段已全线贯通，青藏铁路、西气东送、退耕还林等西部重大基础设施建设项目相继建成，西部基础设施建设取得突破性进展，但西部地区受自然条件和地理区位的影响，基础设施相对落后的"瓶颈"制约问题仍然存在，相对中东部地区西部基础设施水平依然存在较大差距，因此，加大西部地区基础设施建设是改善西部投资环境的建设重点，也是集聚资金与人气，为西部地区城市产业发展提供良好支撑的保证。

加强西部基础设施的整体规划，协调好基础设施存量与增量的适度关系，西部地域面积广阔，资源分布面散，基础设施布局应在大中城市的辐射作用下向中小城市和城镇侧重，弥漏补缺，实现西部地区大中小城市及城镇之间的交通、水利、能源、原材料等重大基础设施建设的高水平互通互融，通过设立西部基础设施投资基金、发行股票、债券及BOT融资的方式，加大对西部地区的基础设施建设，充分发挥基础设施的经济效应，通过基础设施合理布局提升要素空间配置效率，促进西部地区城市化发展。

（二）加快创新制度、市场化、生态等发展环境的改革，促进西部地区产城融合的提升

西部地区应加快构建城市与产业的开放、多元、创新的良性互动的

发展环境，制定与完善市场、创新、行政及生态领域的法律法规，排除城市与产业发展的法律制度环境障碍，形成经济主体公平竞争的长效机制。鼓励科技人员创业创新，加大高校、研究机构与企业之间的交流与合作，建立产学研一体化网络平台，创办各类中介机构推动科技成果的转换，实现科技知识为社会经济发展的贡献作用。推动西部市场经济体制改革的继续深入，促进非公有制经济的生存与发展，激励创新并以优势资源保持经济增长，以改善西部地区经济结构与经济质量。推进西部地区生态环境治理，进行统筹规划，综合治理，调整产业结构，保证城乡经济效益与社会效益的有机统一，创造良好的可持续发展环境条件，广泛吸纳社会各界资金进入生态环境建设，加大企业技术改造力度，减少经济活动对于生态环境的破坏，通过发展环境的改善促进产城融合进一步提升。

（三）加强军民经济协作，培育特色产业，提升城市竞争力

依托西部地区在三线建设时期布局的大量军工企业，组建西部地区国防与民用工业联合基地，建立军民结合型企业，加强军民经济协作，改制国防科工企业转型为市场化的民用品生产企业，促进军民经济融合互动发展。依托西部旅游资源优势，建立西部旅游业集群，开发西部特色系列的旅游产品，形成具有历史文化、自然原生态、异域风情、科学探险为特色的旅游产业群，推动西部经济和生态互动发展。培育西部特色产业应围绕优势资源的开发和利用进行产业发展，形成特色资源产业集群，实现特色产品的产业价值链，通过产业投资乘数效应带动区域整体推进突破，提升西部地区产城融合竞争力。

（四）培养核心城市，形成网络化城市体系，提高城市集聚与辐射功能

以中心城市为核心向周围地区辐射，并组成多个等级的城市集合体，是城市化和工业进程发展到较高阶段的自然产物，是国家参与全球竞争与国际分工的新型地域单元（张倩、胡云锋等，2011）。西部地区中心城市的核心作用及辐射能力相比东部地区还较弱，次核心及边缘城市也不及东部城市分布均匀和功能匹配，所以培养核心城市，匹配城市等级与产业发展，提高城市集聚与辐射功能是未来西部地区城市融合的路径之一。

合理强化核心城市的发展，提升重庆、成都、西安等西部中心城市实力，明晰城市功能定位，优化产业结构，促进生产性服务业的集聚，构建城市圈的金融、商贸、科教、信息及物流中心，带动相关高端产业的发展，重点体现核心城市区域内的空间辐射带动能力。进一步推进成渝城市群、关中城市群、天山北坡城市群、银川平原城市群、呼包鄂城市群等的发展，优化和扩展西部城市群的网络系统，实现城市网络化的扩张与延伸，提高城市区域核心城市的产业竞争力优势，发挥各等级城市承接产业转移和优化产业结构转型，才能促进西部地区经济整体实力的增加。

四 东北地区的政策建议

东北地区的产城融合水平与能力的综合平均指数均排名最后，除了在产城融合水平的居住与服务维度上排名第一（这是由于东北地区人口较少，居住成本较低导致），在产城融合能力的联动桥梁维度上排在倒数第二外，其余分项维度也都排名最后，针对于此的政策建议具体为：

（一）培育核心城市，形成城市增长极

产城融合实证分析部分的能力与水平综合排名显示东北地区只有沈阳市一个特大城市进入前二十，有鉴于此，东北地区要加快培育新经济增长点，通过创新驱动与产业发展的结合培育城市内生增长潜力，形成以大连、沈阳、长春、哈尔滨为代表的经济实力雄厚、对外开放程度高、公共服务完善的核心城市增长极。城市发展的原动力是来自关键的核心产业和技术，东北地区作为老工业基地应充分利用现有及潜在的产业优势，形成产业间紧密的产城融合核心增长极，加强区域性分工协作，带动东北地区的产业集聚、产业结构升级优化以及与其他城市之间的协作融合。

通过统筹规划产业结构合理化与高度化的进程和与经济社会的协调发展，由以点带线到以线带面，再由局部到整体，充分发挥核心城市增长极的作用，以核心城市为依托，以不同规模类型的城市及经济协作区为载体，加快建设中心城市与沿边地区的基础设施，促进各规模等级城市之间的互联互通，进一步拓展对外开放合作的领域，在各产业领域全

面开展合作。加强城市体系之间的经济活动联系与产业关联度，实现产学研结合，推动重点产业项目的建设，利用外资平台加大贸易经济技术合作，提高城市之间的协作度和承载度，充分发挥核心城市的辐射功能和累积效应，打造大都市经济圈，促进东北地区城市群发育，以此推动区域城市经济社会的产城融合与可持续发展。

（二）提升市场化水平，焕发生产活力

提升市场化水平，有助于维持市场运作的良好秩序，提升政府公共事务的管理能力，创造公正的市场经济环境，更好地实现社会资源的有效配置。东北地区是老工业基地，国有企业占大半壁江山，大部分国有企业还以传统产业为主，其中的能源与原材料产业占比较大，高新技术产业占比很小，经济生产呈下滑趋势，用市场化方式来改革企业结构与机制，加强自身"造血"功能，而不是依赖政府的"输血"，已经势在必行。

稳步推进产权改革提升市场化水平，正确处理不同所有制的企业关系，深化国有企业改革，实现不同所有制企业之间的良性互动发展。大力发展非公有制经济及乡镇企业的发展，适当减少公有经济比重，既有利于农村剩余劳动力的转移，又有利于城镇下岗或失业人员的再就业，可以吸收大量劳动力就业，实现生产要素资源的优化配置。强化市场作用机制，促使各方经济主体都能遵循市场经济的作用原则，提高生产、交换、消费及分配的效率，为区域经济发展创造良好市场环境，促进区域经济的快速发展，提高居民收入水平。鼓励科技人员创业创新，加大高校、研究机构与企业之间的交流与合作，建立产学研一体化网络平台，创办各类中介机构推动科技成果的转换，实现科技知识为社会经济发展的贡献作用。

（三）优化产业结构，实现工业化和城市化的同步发展

东北地区要改革创新走出资源枯竭困境与计划经济陷阱，加快对老工业基地的产业调整，发展接续产业或替代产业，寻求产业比较优势，在全国产业竞争保持产业领先地位。制度创新尤其重要，发展新产业一定要有制度的支持与推动，东北老工业基地的振兴需要制度变迁的保障，制造宽松与自由的有利于后续新兴产业进入的发展环境，通过制度变迁作用于生产动力机制，激发企业技术创新与产业升级优化。

遵循因地制宜、协调有序的发展原则，以技术创新、"互联网 +"和智能化应用改造传统产业，实现传统产业的转型升级，拉长产业链条，提高产业前后项关联度，拓宽融资渠道，为产业优化升级提供有力的资金支持，促进第一、第二、第三产业的融合发展，形成以电子信息产业为主、高新技术产业与传统重化工业相结合、消费型服务业与生产型服务业互补的综合产业体系，通过走新型工业化道路推动城市化发展，实现工业化和城市化的同步发展。

第三节　陕西省产城融合发展政策建议

一　特大城市产城融合发展政策建议

陕西没有超大城市（城区常住人口超过 1000 万以上的城市），只有西安一座特大城市（城区常住人口低于 1000 万，超过 500 万以上的城市），通过第六章测度结果可知西安产城融合的驱动与状态总体指数均为第一，但是在状态分项的经济与环境协调指数排名并不具有优势，这说明特大城市虽然具有发展演进与市场化选择优势，但是也存在由于人口过度集中而导致城市承载功能压力巨大以及对资源与环境带来的破坏与危害等问题，相应的产城融合政策建议如下：

（一）通过周边承接解决超大城市的人口压力

以西安市为中心，积极推动西咸一体化发展进程，大力发展特大城市周围地区，通过周边承接解决超大城市的人口压力。通过增加市场化交流渠道带动宝鸡、渭南、铜川等关中地市的发展，发挥西安市的辐射作用带动周边地区的快速发展，而不是畸形地从各地吸收资源低效使用。积极加大基础设施建设、资源市场的开放等路径提高资源配置与利用效率，在资源的流动下引导人口的迁移，通过周边地区的发展解决西安这座古城的人口压力。

（二）以科学规划推动产业结构升级，走可持续发展之路

以科学规划为指导，以生态环境保护为关键点，从城市人口、资源、环境的协调发展出发，制订符合西安城市规模和发展方向的城市与产业规划，推动特大城市重点发展环保型服务产业，加大城市综合环境

治理与保护，促进特大城市的可持续良性循环，逐步将西安建设成为具有浓厚历史文化特色的现代化城市。

（三）通过自主创新增强城市发展动力

西安市应充分利用良好的科技创新资源，进一步提升基础科学及新材料、新能源等高科技领域的自主创新能力，加强保护知识产权，大力扶持拥有自主创新能力与自主知识产权的知名品牌企业，并对自主创新企业给予税收方面的优惠对策。积极发挥科研院所、大学城、西安高新技术开发区、西安经济技术开发区、西安航空航天高技术产业开发区等科研优势资源，通过已有技术群体与知识积累引进与培育创新技术源，围绕行业特色与先进技术，通过共享资源环境提升自主创新能力，服务产业与城市发展。进一步完善以企业为主体、以科研人才为主力的产学研结合的创新体系，加速科技成果的转化，实现资金、技术、产业的良性循环发展，增强特大城市的进一步发展动力。

（四）发展循环经济，改善生态环境

西安市近年来因为城市建设、汽车尾气及城市燃耗等原因空气质量持续下降，产业发展带来的水污染与土壤污染等也时有发生，未来西安市要推进生态环境治理，进行统筹规划，综合治理，大力发展循环经济，以产业结构绿色化为核心，调整产业结构，保证城乡经济效益与社会效益的有机统一，创造良好的可持续发展环境条件，广泛吸纳社会各界资金进入生态环境建设，加大企业技术改造力度，减少经济活动对于生态环境的破坏，通过发展环境的改善促进产城融合进一步提升。

二 大城市产城融合发展政策建议

以宝鸡为代表的陕西大城市产城融合的驱动与状态指数在测度中均排名第二，但是在驱动分项的产业发展指数与城市功能指数上还是与特大城市的差距超过了 15 个百分点以上，针对于此陕西省大城市产城融合发展政策建议如下：

（一）提高工业经济效率，促进产业与城市融合发展

工业化水平的高低是决定一个城市经济发展的关键因素，加快工业发展是有利于城市经济发展的必要条件。宝鸡市作为陕西省工业大市，应以提高工业经济效率为导向，出台工业发展基金、工业企业信贷资

金、促进工业自主创新等具体管理办法与对策推动工业发展，以创新为动力深化改革，通过职责分工、风险管控、人才引进培养、产业环境营造等路径加快工业化发展，使工业向"高精尖"方向发展，促进资源节约，走新型工业化道路，带动大城市经济发展。

（二）转变消费观念，净化消费环境，培育消费热点

宝鸡等大城市的消费水平还是远低于特大城市，这不利于发挥消费对于生产的导向作用。因此，大城市应通过转变消费观念，净化消费环境，培育消费热点确保城市经济的健康发展。消费水平的增长应适应于社会再生产提供的物质与文化条件，通过居民消费结构的升级，促进产业结构的优化，更好地保证城市经济的可持续发展。树立消费者保护意识，制定相应法律法规，净化消费环境，提高消费者的福利水平。培育消费热点，向资源节约型和环境保护型消费方向转变，形成重视消费的良好氛围，促进城市经济发展。

（三）大力发展公共服务，降低城市生活成本

通过地方政府投资、政府财政主导下的多元投融资等模式大力发展公共交通以方便城市居民出行，缓解交通不便带来出行成本高的问题，加快基础设施建设提高居民的休闲生活水平，同时地方政府应大力发展教育、科学、体育、卫生等公共事业，将公共服务触角延伸至城市的各个角落，保障城市居民的基本权益得以满足，促进居住与服务的和谐发展。

三 中等城市产城融合发展政策建议

陕西中等城市数量较多，占比超过50%，通过产城融合测度显示的结果可知陕西中等城市产城融合的驱动与状态指数均落后于大城市，尤其是驱动分项联动因素指数和状态分项生产与生活互动指数均落后于大城市10个百分点以上，这说明中等城市产城融合在联动、生产与生活方面还需要进一步提升，相应的产城融合政策建议如下：

（一）通过科技创新与市场化机制的改善提高资源配置与利用效率

以渭南为代表的陕西中等城市缺乏科技创新意识，市场化程度也较弱，今后应突破原有政策与规划，提出创新性的城市发展思路，逐步完善科技创新体制，通过科学与技术的进一步创新解放生产力，通过市场

作用机制的充分发挥合理有效利用各项资源，使资源配置与利用符合城市阶段化发展目标。利用科技创新提供更为丰富的供给，提升产业竞争能力，提高资源配置的综合效率水平。构建更加开放的市场经济体系，打破一些领域的过度垄断，强化市场机制作用，在竞争中提高资源配置与利用效率。

（二）升级城市功能，促进生产与生活的互动

通过为消费者和生产者提供有效的服务与制度安排引导中等城市未来消费与生产结构的升级转型，其主要方向是教育、娱乐、文化、医疗、保健、旅游等方面，消费结构的变化会影响着产业发展和总供给结构的变动，由此缓解生产与生活互动较弱的现实问题。推动陕西中等城市的生产与消费层级，进一步释放内需潜力，既能带动生产供给的转变，又能通过扩大内需拉动城市经济增长。提高居民收入并提高居民消费水平和消费预期，增加居民对文化、教育、卫生、环保等方面的普及力度，提倡居民对绿色、健康、生态等健康商品的消费；引导企业生产与消费的良性循环，努力提高产品质量，进一步带动生产增长和劳动力收入增加，进而推动消费升级转换，带动城市与产业的协调发展。

（三）形成特色产业集群，提升城市竞争力

利用中等城市的资源比较优势，发展渭南、汉中及商洛的特色农业及农副产品加工业产业集群，加强农产品基地的建设，形成从种植到加工与专业化的包装再到市场营销及公关广告等服务的上、中、下游产业联系，将农业与其他产业的发展有机地结合起来，发展节约型农业工程和加工生产，推进循环农业经济发展。在借助榆林丰富的能源基础上，形成石油化工、天然气化工及精细化工等领域的能源工业基地，形成以国有大型企业为核心的多层次产业群，提升资源的开发和利用，形成规模经济及品牌效应，形成集群资源优势。

四　小城市产城融合发展政策建议

小城市是城区常住人口低于 50 万的城市，陕西省有三个小城市，通过产城融合测度显示的结果可知小城市产城融合的驱动与状态总体指数均排名最后，同时在联动因素、资源与效率统一、居住与服务协调等方面远落后于特大与大城市，这说明小城市产城融合还具有很大提升空

间，相应的产城融合政策建议如下：

（一）加大基础设施的建设与发展，改善城市功能环境

以韩城为代表的陕西小城市受自然条件和地理区位的影响，存在基础设施相对落后的"瓶颈"制约问题，因此，加大陕西小城市基础设施建设是小城市经济发展的重点，也是集聚资金与人气，为小城市产业发展提供良好支撑的保证。加强小城市基础设施的整体规划，协调好基础设施存量与增量的适度关系，基础设施布局应和大中城市的辐射作用相关联，实现大中小城市及城镇之间的交通、水利、能源、原材料等重大基础设施建设的高水平互通互融，通过设立基础设施投资基金与BOT融资等多种方式，加大对小城市的基础设施建设，充分发挥基础设施的经济效应，通过基础设施合理布局提升要素空间配置效率，促进小城市的产业与城市共同发展。

（二）完善公共服务，促进居住与服务的和谐

进一步完善教育、医疗、卫生等服务，建立健全基础教育、卫生机构与服务网络，实现教育、卫生等公共服务资源的信息共享，实现城市之间或内部的不同群体之间公共医疗卫生设施和服务标准的一致性。进一步完善公共就业服务体系，进行统一的就业失业登记管理服务，全面实现就业服务标准统一化。缓解小城市劳动密集型产业较多带来的土地、原材料等资源要素价格上涨的压力，通过提升公共服务升级小城市功能，促进居住与服务的和谐。

第九章 结论与扩展

第一节 主要结论

本书在工业化与城市化背景下,探讨了产城融合的有关内容。通过国内外文献综述梳理出产城融合的基本含义、存在问题、经验行为及测度方法等,并在此基础上进行了产城融合的界定,提出了产城融合的影响因素,对产城融合的作用机制及内外效应进行了分析,构造了产城融合驱动与状态评价指标体系,并进行了实证测度、机制与效应分析,进而在分析的基础上提出产城融合发展的重点与政策建议。通过以上各章的理论与实证分析,可以得出如下主要结论:

第一,产城融合即产业与城市的协调发展与共生。产城融合是在综合考虑城市的承载能力与产业的空间结构及可持续发展的基础上,定位布局符合城市整体功能扩展的产业发展,通过城市、产业与人口、资源的有序发展,来驱动城市更新与完善城市服务水平,促进城市功能优化与产业发展协同共进,形成城市与产业良性互动的科学动态过程。产城融合的内涵意义主要表现为:资源与效率的统一、生产与生活的互动、居住和服务的和谐、经济与环境的协调。

第二,产城融合受到多种因素的影响。产城融合既有城市与产业本身的发展动力,也有联系二者互通互促的驱动因素,还有一些不确定性和偶发性的其他因素,影响因素又构成产城融合的发展潜力,即产城融合驱动力,直接影响着产城融合发展程度。

第三,产城融合具有动力与交互作用及自效应与溢出效应影响。产城融合的机制原理主要包括动力机制与交互机制，产业发展、城市功能及联动等影响因素对产城融合有边际贡献动力，同时产城融合与各因素之间还存在交互作用；产城融合内外效应包括自效应和溢出效应，自效应包括选择效应与福利效应，外溢效应包括辐射效应与累积效应，通过产城融合发展对城市与产业本身及对城市周围地区带来效应影响。

第四，产城融合可以进行驱动能力与状态水平的评价。构建产城融合驱动与状态评价指标体系，并对全国地级及以上城市和陕西县级及以上城市产城融合的发展进行测度评价，实证分析得出不同规模城市产城融合具有差异性。

第五，实证分析验证了产城融合机制与效应的各项分析。运用面板数据通过多元相关分析得出各影响因素对产城融合具有正向推动作用；同时，构建 VAR 模型得出各级城市产城融合与因素之间也具有交互影响作用。运用面板数据通过固定效应回归分析得出产城融合具有自我推动的影响效应，根据 SDM 模型得出产城融合对于城市经济发展具有外溢效应。

第二节　扩展及进一步研究的问题

本书除了针对全国不同区域和陕西省提出产城融合发展重点与政策建议外，还提供了新型城镇化发展战略下其他城市区域产城融合决策支持的政策含义：

第一，从全局差异性视角推进产城融合进一步优化。产城融合不仅在城市发展中可以呈现出不同描述性特征，而且还可以在驱动与状态上呈现出评价差异性，通过测度评价可以判断不同城市的产城融合程度与阶段，同时针对测度结果还可以进行分项指数分析，探究引起产城融合差异的具体原因，打破不同城市区域之间的产城阻隔，形成系统解决产城失衡的差异性方案，为不同区域的产城融合发展提供政策依据。

第二，科学有效地制定相关规划与政策促进产城融合发展。对于产城融合的研究结果显示，不仅产城融合程度与阶段可以评价判断，产城融合的驱动、交互及效应影响也可以通过实证分析得出因素及内外效应的作用程度，本书提出的机制与效应的定量识别有利于城市规划与管理部门的精准政策设计，为决策者提供科学有效的相关规划与政策的参考基础。

第三，把握趋势合理设计产城融合发展的路径选择。产城融合不仅在不同规模城市有着不同的阶段表现，在纵向发展过程中也呈现出不同的变动趋势，通过对产城融合时间序列与截面数据的测度，即对产城融合进行面板数据的分析，探析产城融合的变动趋势与原因，可以为不同时期城市区域促进产业与城市的协调发展提供相应的理论依据，并在趋势预测中合理设计产城融合发展的路径选择。

由于产城融合概念及相关问题的提出与讨论时间不是很长，现有相关文献主要集中在产城融合内涵界定、存在问题以及指标体系构建等基础性问题研究上，本书在产城融合影响因素基础上构建产城融合测度模型并对截面全国地级及以上城市和面板陕西省产城融合问题进行实证分析，同时还对产城融合的机制与内外效应进行了理论研究与实证分析，并提出相应对策建议。本书拓宽了产城融合的研究领域，但是由于受资料获得及个人研究能力的制约，所研究的内容尚有不足之处，从研究的进展来说，需要进一步研究的问题有：

第一，产城融合在理论广度与深度上仍需要进一步的完善与修订。产城融合不是一个简单的概念，因其丰富的内涵决定了产城融合内容研究的复杂性。尽管在理论体系的构建中，本书尝试将影响因素、作用机制、效应分析等内容加入分析框架，但也只是阐述性地完成了基础性工作，在理论广度与深度上仍需要进一步的完善与修订，成熟的理论分析框架需要在较长的时间里由更多的研究者共同努力完成。

第二，从更多视角进行产城融合研究。在构建测度指标体系的过程中，由于借鉴 DSR 指标体系中响应指标的政策性反映较难量化及获取难度较大，所以只构建了产城融合驱动与状态指标体系，没有构建响应指标体系，在以后的研究过程中，可以积累更加详细的资料，从响应角度对产城融合的产业发展、城市功能及联动能力等方面进行分析；同时，还可以对各影响因素之间的关系进行测度分析。

第三，在今后的研究中，应使用更系统和科学的研究方法结合城市发展的个性情况探索产城融合的发展机制和影响因素，注重对融合程度的定性与定量的结合分析，并从产业选择、空间结构、功能布局及溢出效应等角度深入到规划探索，提出有益产城融合协调发展的新规划思路，以之为区域发展的参考和借鉴。

第四，值得一提的是，应发挥产城融合理论研究在实践活动领域中对区域发展规划、空间布局、规模效益评估的统筹指导作用，使城市体系和产业体系优化协调，城市布局与产业分布有机结合，城市承载力和产业层次有益提升，城市特色和产业特色相得益彰，从而促进产城协调共进。

附　　表

附表一　　　　中国产城融合驱动分项模块指数及综合指数

	产业发展指数	城市功能指数	联动桥梁指数	驱动指数
北京市	56.41	33.11	62.98	52.24
深圳市	42.82	33.08	68.11	49.93
绍兴市	34.13	66.64	50.02	49.79
上海市	56.28	33.08	56.37	49.59
大庆市	62.16	33.08	49.38	48.71
鄂尔多斯市	55.37	33.07	54.82	48.69
天津市	56.32	33.06	53.30	48.39
南宁市	42.86	33.07	64.14	48.38
昆明市	42.86	33.07	63.83	48.26
绵阳市	51.56	33.10	53.30	46.89
白城市	51.50	33.09	53.27	46.86
桂林市	42.76	33.10	59.12	46.38
潮州市	34.13	66.74	40.69	46.16
西安市	42.88	33.06	58.45	46.15
榆林市	42.87	33.08	58.38	46.13
广州市	42.90	33.09	58.12	46.04
福州市	42.81	33.09	58.18	46.03
重庆市	61.68	16.61	55.06	46.02
十堰市	34.08	33.07	64.42	45.71
滁州市	34.16	33.05	62.65	45.03
柳州市	34.15	33.08	62.39	44.93

续表

	产业发展指数	城市功能指数	联动桥梁指数	驱动指数
南通市	34.14	33.07	62.35	44.91
梅州市	34.17	49.84	49.72	44.82
珠海市	34.12	33.09	62.11	44.81
厦门市	34.10	33.08	62.06	44.79
雅安市	34.12	66.32	37.42	44.75
蚌埠市	42.77	33.07	53.67	44.24
武汉市	42.86	33.08	53.37	44.16
长沙市	42.88	33.09	53.33	44.15
沈阳市	42.87	33.07	53.32	44.13
丽水市	42.82	33.10	53.32	44.13
镇江市	42.82	33.06	53.30	44.11
郑州市	42.78	33.08	53.30	44.10
丹东市	42.77	33.04	53.28	44.08
南京市	34.25	33.08	59.00	43.63
焦作市	34.08	33.04	59.01	43.57
黑河市	47.66	33.13	47.89	43.54
宜春市	34.15	33.08	58.79	43.52
安康市	34.17	33.09	58.72	43.50
中山市	34.12	33.10	58.69	43.48
晋城市	34.05	33.06	58.77	43.47
东营市	44.71	33.08	50.03	43.43
克拉玛依市	44.72	33.08	49.99	43.42
包头市	44.74	33.07	49.96	43.41
怀化市	42.79	33.09	51.45	43.38
泉州市	34.12	33.08	58.45	43.38
邯郸市	34.11	33.08	58.45	43.37
德州市	34.12	33.08	58.41	43.36
保定市	34.08	33.07	58.44	43.36
大同市	34.13	33.06	58.38	43.35
开封市	34.07	33.10	58.13	43.24
衡水市	34.11	33.08	58.11	43.24

续表

	产业发展指数	城市功能指数	联动桥梁指数	驱动指数
南昌市	34.12	33.06	58.09	43.23
黄冈市	34.09	33.07	58.10	43.23
芜湖市	34.13	33.07	57.60	43.04
哈尔滨市	42.84	33.05	50.01	42.82
洛阳市	42.81	33.09	49.98	42.81
贵阳市	42.75	33.05	50.03	42.80
马鞍山市	53.36	33.05	41.31	42.74
长春市	42.84	33.07	49.41	42.59
兰州市	42.83	33.08	49.41	42.59
石家庄市	42.78	33.06	49.46	42.58
西宁市	42.80	33.08	49.40	42.58
廊坊市	42.76	33.08	49.39	42.56
四平市	42.78	33.07	49.36	42.55
肇庆市	34.13	33.09	55.16	42.09
吕梁市	34.10	33.06	55.18	42.08
葫芦岛市	34.13	33.08	55.08	42.05
张家口市	34.13	33.07	55.07	42.05
汉中市	34.12	33.08	55.03	42.03
惠州市	34.13	33.08	54.79	41.94
丽江市	34.10	33.08	54.79	41.93
河源市	34.09	33.09	54.74	41.91
通化市	34.08	33.10	53.93	41.60
吉安市	34.15	33.09	53.67	41.51
连云港市	34.12	33.05	53.68	41.49
牡丹江市	34.16	33.09	53.62	41.49
三门峡市	42.74	33.05	46.69	41.48
普洱市	42.79	33.04	46.65	41.48
池州市	34.16	33.06	53.60	41.48
广元市	34.14	33.07	53.60	41.48
淮南市	34.12	33.05	53.60	41.46
淮北市	34.09	33.06	53.61	41.46

	产业发展指数	城市功能指数	联动桥梁指数	驱动指数
成都市	23.64	33.07	62.04	41.46
杭州市	34.18	33.09	53.38	41.41
苏州市	34.19	33.07	53.36	41.40
宁波市	34.17	33.09	53.35	41.39
青岛市	34.20	33.07	53.32	41.39
佛山市	34.18	33.09	53.33	41.38
大连市	34.18	33.06	53.34	41.38
无锡市	34.18	33.08	53.33	41.38
合肥市	34.12	33.07	53.38	41.38
济宁市	34.15	33.15	53.29	41.38
威海市	34.10	33.08	53.37	41.38
烟台市	34.19	33.07	53.31	41.37
金华市	34.15	33.09	53.33	41.37
常州市	34.18	33.07	53.29	41.37
泰州市	34.13	33.15	53.27	41.36
潍坊市	34.15	33.07	53.30	41.36
鹰潭市	34.13	33.10	53.30	41.36
景德镇市	34.13	33.07	53.32	41.36
许昌市	34.07	33.07	53.36	41.36
湘潭市	34.12	33.06	53.33	41.36
嘉兴市	34.14	33.08	53.29	41.36
锦州市	34.14	33.07	53.29	41.36
湖州市	34.15	33.07	53.29	41.36
扬州市	34.16	33.07	53.28	41.35
台州市	34.13	33.08	53.29	41.35
安庆市	34.11	33.07	53.31	41.35
江门市	34.13	33.07	53.29	41.35
德阳市	34.12	33.08	53.28	41.35
三亚市	34.10	33.06	53.31	41.35
吉林市	34.20	33.06	53.23	41.34
营口市	34.12	33.06	53.28	41.34

续表

	产业发展指数	城市功能指数	联动桥梁指数	驱动指数
呼和浩特市	42.90	33.09	46.08	41.31
乌鲁木齐市	42.87	33.07	46.12	41.31
太原市	34.10	33.11	53.14	41.29
九江市	42.83	33.08	46.10	41.29
百色市	42.81	33.08	46.09	41.28
赣州市	42.78	33.07	46.10	41.27
呼伦贝尔市	42.80	33.09	46.06	41.27
乌兰察布市	42.78	33.05	46.08	41.26
运城市	42.75	33.05	46.09	41.25
揭阳市	34.14	49.84	40.65	41.25
天水市	42.87	33.08	44.60	40.71
北海市	42.80	33.08	44.62	40.70
海东市	42.81	33.07	44.57	40.68
伊春市	46.13	33.07	40.72	40.22
石嘴山市	34.15	33.05	50.29	40.17
孝感市	34.08	33.06	50.32	40.16
龙岩市	34.19	33.08	50.00	40.08
宜昌市	34.20	33.08	49.97	40.07
三明市	34.14	33.08	50.00	40.06
梧州市	34.13	33.10	49.99	40.06
荆门市	34.14	33.08	49.98	40.05
郴州市	34.16	33.08	49.96	40.05
韶关市	34.15	33.09	49.96	40.05
南阳市	34.13	33.07	49.98	40.05
安阳市	34.10	33.09	49.99	40.05
鹤壁市	34.08	33.06	50.01	40.05
阜新市	34.09	33.05	49.99	40.04
固竭市	34.17	33.08	49.76	39.98
赤峰市	42.86	33.06	42.71	39.96
铜川市	34.12	33.09	49.70	39.94
南充市	34.14	33.07	49.67	39.93

续表

	产业发展指数	城市功能指数	联动桥梁指数	驱动指数
亳州市	34.15	33.07	49.65	39.93
济南市	34.20	33.08	49.47	39.87
温州市	34.17	33.08	49.43	39.85
株洲市	34.14	33.06	49.46	39.85
岳阳市	34.16	33.08	49.39	39.83
海口市	34.15	33.08	49.40	39.83
常德市	34.20	33.08	49.35	39.83
忻州市	34.13	33.07	49.41	39.83
漳州市	34.12	33.07	49.43	39.83
湛江市	34.18	33.08	49.37	39.83
娄底市	34.12	33.06	49.42	39.82
咸阳市	34.12	33.05	49.43	39.82
黄石市	34.11	33.07	49.42	39.82
衡阳市	34.11	33.07	49.41	39.82
淄博市	34.18	33.06	49.37	39.82
邢台市	34.10	33.06	49.43	39.82
泰安市	34.16	33.07	49.37	39.82
周口市	34.08	33.07	49.43	39.82
盘锦市	34.10	33.07	49.41	39.82
滨州市	34.12	33.06	49.41	39.82
平顶山市	34.08	33.07	49.42	39.81
新乡市	34.10	33.06	49.41	39.81
濮阳市	34.05	33.07	49.43	39.81
临沂市	34.14	33.06	49.36	39.81
晋中市	34.14	33.06	49.37	39.81
遵义市	34.14	33.07	49.36	39.81
庆阳市	34.10	33.06	49.39	39.80
驻马店市	34.09	33.08	49.38	39.80
松原市	34.14	33.06	49.33	39.79
渭南市	34.12	33.04	49.34	39.79
襄阳市	42.85	33.07	40.67	39.16

续表

	产业发展指数	城市功能指数	联动桥梁指数	驱动指数
乐山市	42.81	33.07	40.69	39.15
沧州市	20.68	33.06	58.10	38.97
东莞市	25.54	33.07	54.00	38.90
黄山市	34.13	33.06	47.01	38.88
攀枝花市	34.13	33.08	46.67	38.75
阳泉市	34.09	33.06	46.66	38.73
安顺市	34.13	33.09	46.43	38.66
来宾市	34.16	33.05	46.34	38.62
银川市	34.15	33.08	46.13	38.55
秦皇岛市	34.13	33.07	46.15	38.54
长治市	34.11	33.07	46.14	38.53
曲靖市	34.14	33.09	46.06	38.52
延安市	34.11	33.05	46.12	38.52
邵阳市	34.10	33.08	46.10	38.52
临汾市	34.13	33.05	46.10	38.52
铁岭市	34.15	33.05	46.07	38.51
白银市	34.14	33.07	46.06	38.51
唐山市	34.17	33.03	46.05	38.51
六盘水市	34.11	33.07	46.05	38.50
辽阳市	34.13	33.06	46.04	38.50
七台河市	34.12	33.05	46.05	38.50
齐齐哈尔市	33.61	33.06	46.10	38.36
鞍山市	42.78	33.08	37.99	38.09
衢州市	34.16	33.09	44.64	37.96
舟山市	34.16	33.06	44.66	37.96
徐州市	34.17	33.06	44.62	37.95
菏泽市	34.12	33.09	44.63	37.95
淮安市	34.15	33.07	44.61	37.95
玉林市	34.15	33.07	44.61	37.95
泸州市	34.14	33.07	44.61	37.94
萍乡市	34.12	33.06	44.62	37.94

续表

	产业发展指数	城市功能指数	联动桥梁指数	驱动指数
宜宾市	34.13	33.09	44.59	37.94
益阳市	34.13	33.07	44.61	37.94
宁德市	34.12	33.07	44.60	37.93
莱芜市	34.13	33.05	44.61	37.93
自贡市	34.15	33.08	44.56	37.93
宣城市	34.13	33.08	44.57	37.93
莆田市	34.13	33.06	44.59	37.93
张掖市	42.87	33.10	37.38	37.88
酒泉市	42.86	33.07	37.36	37.86
毕节市	42.83	33.07	37.35	37.85
平凉市	42.80	33.06	37.37	37.84
贺州市	42.83	33.05	37.35	37.84
陇南市	42.81	33.07	37.34	37.84
铜仁市	42.76	33.06	37.39	37.84
金昌市	34.13	33.07	43.36	37.45
商洛市	34.14	33.07	43.06	37.33
嘉峪关市	34.16	33.07	42.76	37.22
玉溪市	34.16	33.10	42.74	37.22
承德市	34.12	33.07	42.77	37.22
河池市	34.14	33.08	42.72	37.21
上饶市	34.10	33.07	42.75	37.20
宝鸡市	34.18	33.07	41.32	36.66
六安市	34.12	33.09	41.32	36.65
铜陵市	34.11	33.06	41.36	36.65
盐城市	34.13	33.07	41.32	36.65
乌海市	34.17	33.07	41.29	36.65
宿迁市	34.10	33.07	41.34	36.65
崇左市	34.15	33.09	41.29	36.65
白山市	34.13	33.08	41.31	36.64
朝阳市	34.12	33.08	41.30	36.64
抚顺市	34.15	33.06	41.28	36.63

续表

	产业发展指数	城市功能指数	联动桥梁指数	驱动指数
鹤岗市	34.11	33.05	41.31	36.63
咸宁市	34.11	33.06	41.29	36.63
吴忠市	34.10	33.04	41.30	36.62
云浮市	34.08	33.04	41.31	36.62
清远市	34.15	33.15	40.69	36.43
中卫市	34.19	33.08	40.71	36.43
聊城市	34.13	33.07	40.73	36.42
汕头市	34.16	33.07	40.71	36.42
佳木斯市	34.16	33.09	40.68	36.41
阳江市	34.14	33.09	40.70	36.41
新余市	34.18	33.04	40.70	36.41
朔州市	34.18	33.07	40.67	36.41
茂名市	34.16	33.09	40.67	36.41
防城港市	34.16	33.07	40.69	36.41
张家界市	34.16	33.09	40.67	36.41
辽源市	34.13	33.08	40.70	36.41
日照市	34.17	33.07	40.68	36.41
阜阳市	34.13	33.06	40.71	36.41
武威市	34.17	33.07	40.67	36.41
枣庄市	34.15	33.05	40.70	36.40
鸡西市	34.10	33.11	40.70	36.40
眉山市	34.17	33.07	40.67	36.40
商丘市	34.10	33.06	40.72	36.40
永州市	34.16	33.07	40.67	36.40
达州市	34.12	33.09	40.68	36.40
保山市	34.16	33.09	40.65	36.40
贵港市	34.19	33.07	40.63	36.40
信阳市	34.14	33.06	40.68	36.40
钦州市	34.18	33.06	40.64	36.40
鄂州市	34.13	33.06	40.69	36.40
巴中市	34.12	33.08	40.67	36.39

续表

	产业发展指数	城市功能指数	联动桥梁指数	驱动指数
漯河市	34.10	33.06	40.69	36.39
内江市	34.14	33.07	40.63	36.38
遂宁市	34.12	33.04	40.67	36.38
资阳市	34.13	33.07	40.64	36.38
通辽市	33.68	33.06	40.69	36.25
本溪市	34.14	33.06	38.00	35.35
荆州市	34.11	33.05	38.00	35.33
南平市	34.14	33.08	37.40	35.11
随州市	34.12	33.07	37.42	35.11
抚州市	34.12	33.07	37.41	35.11
汕尾市	34.10	33.11	37.40	35.11
临沧市	34.12	33.09	37.39	35.11
巴彦淖尔市	34.15	33.07	37.37	35.10
广安市	34.16	33.07	37.36	35.10
宿州市	34.16	33.07	37.34	35.09
昭通市	34.16	33.09	37.32	35.09
定西市	34.13	33.05	36.98	34.93
双鸭山市	34.08	16.41	41.30	31.80
绥化市	34.16	33.09	28.07	31.46

附表二　　中国产城融合状态分项模块指数及综合指数

城市名称	资源与效率指数	生产与消费指数	居住与服务指数	生态与环境指数	状态指数
深圳市	50.16	70.74	45.43	44.32	54.94
北京市	34.73	71.34	45.14	40.03	51.71
上海市	44.03	71.22	36.08	42.21	50.76
重庆市	31.70	71.33	33.10	44.46	48.11
盘锦市	44.06	33.08	61.05	46.67	46.01
安康市	44.01	33.08	33.08	97.47	45.34
乌海市	44.07	33.08	60.96	42.23	45.26
六盘水市	44.02	33.10	61.02	39.91	44.90

城市名称	资源与效率指数	生产与消费指数	居住与服务指数	生态与环境指数	状态指数
桂林市	34.83	33.10	36.08	95.26	44.37
宜春市	34.73	33.08	33.10	97.66	43.79
广州市	44.02	52.25	36.06	40.00	43.74
徐州市	84.44	33.12	33.11	44.30	43.71
天津市	44.06	52.22	33.16	44.29	43.51
湘潭市	44.01	33.05	54.22	44.40	43.46
成都市	34.73	52.11	36.09	46.65	43.18
杭州市	34.73	52.11	36.07	46.66	43.18
武汉市	34.75	52.11	36.10	44.39	42.82
攀枝花市	44.03	33.06	54.29	39.97	42.77
岳阳市	44.17	33.10	39.01	68.67	42.61
沈阳市	34.75	52.08	33.15	46.66	42.25
玉溪市	44.04	45.93	36.09	44.36	42.24
南京市	34.74	52.13	36.09	39.94	42.11
德州市	44.04	33.06	36.10	70.83	42.00
萍乡市	44.18	40.90	45.09	35.32	41.89
鄂州市	44.03	33.10	48.53	44.40	41.68
丽水市	44.12	33.09	36.08	68.68	41.67
丽江市	34.70	48.88	36.07	44.32	41.66
吉安市	44.00	33.07	36.05	68.83	41.65
滁州市	44.09	33.04	33.16	73.30	41.47
榆林市	53.36	33.11	33.21	61.90	41.25
固竭市	44.02	33.09	33.20	71.02	41.12
商洛市	44.03	33.08	33.10	70.86	41.06
亳州市	44.04	33.07	33.07	70.86	41.05
齐齐哈尔市	44.02	33.10	48.51	39.90	40.94
银川市	34.73	33.05	51.30	44.34	40.94
扬州市	44.02	41.00	36.02	46.57	40.84
南通市	34.79	33.10	36.06	73.21	40.80
邯郸市	34.73	33.07	36.07	73.19	40.78
张家口市	34.74	33.06	36.05	73.12	40.76

城市名称	资源与效率指数	生产与消费指数	居住与服务指数	生态与环境指数	状态指数
梅州市	44.00	33.09	33.10	68.65	40.70
乌鲁木齐市	44.00	33.13	45.14	44.31	40.60
咸阳市	44.01	40.94	36.09	44.37	40.48
西安市	34.71	33.23	36.09	70.89	40.46
昆明市	34.75	33.15	36.08	70.98	40.45
南宁市	34.71	33.15	36.07	71.00	40.45
泉州市	34.74	33.10	36.07	70.84	40.41
安顺市	44.03	33.08	33.11	66.50	40.35
焦作市	33.90	33.07	36.06	70.83	40.25
吴忠市	34.76	33.05	48.59	44.34	40.09
邵阳市	34.74	33.06	48.52	44.47	40.08
蚌埠市	34.75	33.07	36.11	68.69	40.07
保定市	34.77	33.09	36.08	68.66	40.06
肇庆市	34.75	33.08	36.11	66.52	39.72
吕梁市	34.70	33.07	36.13	66.52	39.71
马鞍山市	53.40	33.05	36.08	46.71	39.70
上饶市	34.69	40.93	36.05	46.60	39.23
大庆市	53.40	33.13	36.07	42.24	39.00
西宁市	34.73	33.05	45.14	44.35	38.99
常德市	53.37	33.09	36.04	42.26	38.98
潮州市	44.03	33.07	42.16	39.96	38.94
黄山市	34.70	33.07	44.85	44.44	38.91
江门市	44.14	33.10	26.62	68.68	38.68
柳州市	34.73	25.26	39.02	70.94	38.61
北海市	53.36	33.06	33.13	44.42	38.39
淄博市	44.08	33.12	36.07	46.65	38.11
大连市	44.01	33.18	36.06	46.60	38.11
无锡市	44.01	33.14	36.10	46.59	38.11
包头市	44.05	33.12	36.10	46.56	38.10
新余市	44.15	33.06	36.03	46.72	38.10
绍兴市	44.00	33.13	36.06	46.64	38.10

城市名称	资源与效率指数	生产与消费指数	居住与服务指数	生态与环境指数	状态指数
日照市	44.10	33.09	36.04	46.66	38.10
常州市	44.05	33.11	36.06	46.60	38.09
淮北市	44.00	33.07	36.06	46.76	38.09
德阳市	44.00	33.07	36.10	46.64	38.09
济宁市	44.04	33.09	36.05	46.65	38.09
松原市	44.10	33.07	36.05	46.64	38.09
九江市	44.06	33.05	36.04	46.73	38.09
镇江市	44.05	33.05	36.08	46.63	38.09
辽阳市	44.03	33.07	36.05	46.64	38.08
铜陵市	44.02	33.03	36.10	46.61	38.07
营口市	44.05	33.06	36.05	46.61	38.07
本溪市	44.00	33.06	36.05	46.65	38.07
莆田市	44.02	33.10	36.01	46.63	38.07
辽源市	44.04	33.05	36.04	46.61	38.06
宁德市	44.02	33.07	36.03	46.59	38.06
朔州市	53.37	33.09	33.09	42.21	38.03
佛山市	44.03	33.21	36.09	44.41	37.78
苏州市	44.03	33.20	36.09	44.40	37.77
宁波市	44.02	33.16	36.09	44.35	37.75
芜湖市	44.08	33.07	36.08	44.49	37.75
娄底市	44.06	33.07	36.09	44.50	37.75
长沙市	44.04	33.15	36.08	44.34	37.75
克拉玛依市	44.05	33.09	36.12	44.39	37.75
鹰潭市	44.04	33.07	36.06	44.47	37.73
惠州市	44.02	33.09	36.06	44.44	37.73
呼和浩特市	44.04	33.09	36.11	44.31	37.73
防城港市	44.09	33.07	36.04	44.42	37.73
中山市	44.01	33.13	36.04	44.35	37.72
龙岩市	44.01	33.09	36.07	44.39	37.72
衢州市	44.02	33.08	36.05	44.42	37.72
百色市	44.00	33.08	36.04	44.45	37.72

续表

城市名称	资源与效率指数	生产与消费指数	居住与服务指数	生态与环境指数	状态指数
鹤壁市	44.00	33.07	36.06	44.43	37.72
三亚市	44.00	33.06	36.06	44.42	37.72
武威市	44.03	33.09	36.05	44.35	37.72
襄阳市	44.08	33.10	36.03	44.30	37.72
濮阳市	44.01	33.06	36.05	44.41	37.71
泰州市	44.04	33.08	36.05	44.33	37.71
白银市	44.00	33.07	36.08	44.34	37.71
眉山市	44.09	33.06	36.04	44.34	37.71
荆门市	44.00	33.08	36.07	44.33	37.71
酒泉市	44.04	33.07	36.06	44.32	37.71
梧州市	44.03	33.06	36.05	44.36	37.71
朝阳市	44.01	33.07	36.04	44.36	37.71
白山市	44.03	33.07	36.06	44.29	37.70
钦州市	44.03	33.09	36.02	44.32	37.70
永州市	44.01	33.07	36.03	44.33	37.70
石嘴山市	43.27	33.06	36.12	44.37	37.60
潍坊市	44.08	33.17	36.06	42.34	37.43
唐山市	44.09	33.16	36.06	42.29	37.42
淮安市	44.05	33.10	36.04	42.21	37.37
盐城市	44.04	33.09	36.04	42.18	37.37
吉林市	44.02	33.10	36.06	42.11	37.36
宿迁市	44.00	33.07	36.04	42.22	37.36
南平市	44.00	33.08	36.03	42.22	37.36
佳木斯市	44.03	33.07	36.03	42.16	37.35
庆阳市	44.03	33.07	36.07	42.06	37.35
阳泉市	34.72	33.05	42.23	39.88	37.34
保山市	44.02	33.09	36.01	42.06	37.33
沧州市	47.05	33.05	33.15	44.32	37.29
金华市	34.72	41.00	33.12	39.94	37.26
青岛市	44.03	33.21	33.14	46.60	37.20
宜昌市	44.09	33.13	33.13	46.62	37.18

城市名称	资源与效率指数	生产与消费指数	居住与服务指数	生态与环境指数	状态指数
烟台市	44.05	33.11	33.14	46.65	37.18
铜川市	44.01	33.08	33.13	46.78	37.18
宝鸡市	44.02	33.09	33.12	46.75	37.17
雅安市	44.03	33.07	33.11	46.72	37.16
泰安市	44.01	33.07	33.13	46.69	37.16
聊城市	44.01	33.07	33.12	46.71	37.16
菏泽市	44.04	33.08	33.09	46.72	37.16
枣庄市	44.01	33.09	33.10	46.69	37.15
益阳市	44.01	33.07	33.11	46.71	37.15
铁岭市	44.02	33.05	33.12	46.68	37.15
阳江市	44.06	33.07	33.10	46.61	37.14
巴彦淖尔市	44.05	33.06	33.12	46.58	37.14
自贡市	44.04	33.07	33.11	46.59	37.14
咸宁市	44.01	33.06	33.12	46.62	37.14
莱芜市	44.01	33.06	33.10	46.63	37.14
漯河市	44.02	33.06	33.10	46.62	37.14
牡丹江市	34.71	33.06	39.01	44.42	37.06
长春市	44.03	33.17	36.08	39.87	37.03
通辽市	44.10	33.08	36.08	39.91	37.02
泸州市	44.01	33.06	36.09	39.90	37.00
崇左市	44.06	33.06	36.02	39.98	37.00
乐山市	44.04	33.07	36.07	39.86	36.99
资阳市	44.04	33.07	36.03	39.87	36.98
东营市	44.07	33.11	33.21	44.38	36.84
来宾市	44.02	33.08	33.09	44.50	36.80
抚州市	43.99	33.08	33.09	44.50	36.79
黑河市	44.01	33.14	33.10	44.32	36.79
毕节市	44.01	33.11	33.07	44.43	36.79
赤峰市	44.04	33.10	33.12	44.31	36.79
广安市	44.06	33.06	33.09	44.44	36.79
宜宾市	44.05	33.09	33.12	44.32	36.79

续表

城市名称	资源与效率指数	生产与消费指数	居住与服务指数	生态与环境指数	状态指数
贺州市	44.04	33.09	33.06	44.42	36.78
遂宁市	44.01	33.06	33.11	44.36	36.77
嘉峪关市	42.44	33.14	36.10	39.95	36.77
湛江市	44.05	33.09	36.02	37.75	36.64
海东市	43.24	33.07	33.12	44.30	36.64
贵港市	44.02	33.08	36.01	37.62	36.61
济南市	34.74	33.17	36.06	46.69	36.54
福州市	34.68	33.14	36.08	46.69	36.52
珠海市	34.69	33.08	36.10	46.77	36.52
十堰市	34.73	33.05	36.08	46.75	36.51
抚顺市	34.78	33.08	36.06	46.63	36.50
秦皇岛市	34.70	33.06	36.08	46.73	36.50
滨州市	34.73	33.07	36.06	46.69	36.50
海口市	34.72	33.09	36.05	46.66	36.50
南昌市	34.74	33.10	36.06	46.60	36.50
嘉兴市	34.74	33.08	36.06	46.63	36.49
景德镇市	34.73	33.04	36.08	46.65	36.49
鞍山市	34.74	33.07	36.06	46.60	36.49
郴州市	34.75	33.07	36.06	46.60	36.49
随州市	34.71	33.05	36.10	46.59	36.49
通化市	34.75	33.06	36.05	46.61	36.48
内江市	44.05	33.07	33.10	42.12	36.42
中卫市	41.63	33.10	33.10	44.49	36.40
双鸭山市	33.93	33.07	36.03	46.59	36.33
四平市	44.02	33.06	36.06	35.39	36.26
昭通市	44.04	33.07	36.01	35.43	36.26
揭阳市	44.06	33.07	36.02	35.35	36.26
合肥市	34.72	33.14	36.13	44.35	36.16
厦门市	34.74	33.11	36.06	44.47	36.16
连云港市	34.73	33.06	36.08	44.49	36.15
株洲市	34.75	33.05	36.09	44.46	36.15

城市名称	资源与效率指数	生产与消费指数	居住与服务指数	生态与环境指数	状态指数
黄石市	34.77	33.05	36.10	44.39	36.14
安庆市	34.72	33.08	36.07	44.42	36.14
衡阳市	34.74	33.05	36.15	44.32	36.14
太原市	34.73	33.12	36.10	44.27	36.14
贵阳市	34.72	33.12	36.06	44.34	36.14
绵阳市	34.75	33.08	36.10	44.31	36.13
三明市	34.73	33.07	36.10	44.34	36.13
温州市	34.73	33.10	36.06	44.35	36.13
淮南市	34.74	33.07	36.03	44.45	36.13
新乡市	34.75	33.07	36.06	44.38	36.13
许昌市	34.75	33.05	36.07	44.39	36.13
承德市	34.70	33.09	36.08	44.35	36.13
舟山市	34.75	33.05	36.08	44.37	36.13
七台河市	34.71	33.08	36.07	44.35	36.13
怀化市	34.75	33.06	36.08	44.33	36.12
漳州市	34.75	33.07	36.05	44.36	36.12
渭南市	34.76	33.06	36.06	44.32	36.12
张掖市	34.76	33.08	36.04	44.30	36.12
遵义市	34.75	33.07	36.05	44.31	36.12
驻马店市	34.73	33.07	36.03	44.39	36.12
普洱市	34.72	33.07	36.05	44.35	36.11
河池市	34.72	33.08	36.04	44.32	36.11
池州市	44.05	33.07	33.12	40.08	36.10
茂名市	44.06	33.08	33.06	39.91	36.06
张家界市	44.03	33.08	36.05	33.23	35.92
台州市	34.79	33.12	36.04	42.28	35.81
平顶山市	34.78	33.09	36.05	42.28	35.80
长治市	34.71	33.07	36.09	42.27	35.79
石家庄市	34.75	33.09	36.06	42.19	35.78
锦州市	34.75	33.07	36.05	42.23	35.78
韶关市	34.73	33.08	36.04	42.14	35.76

城市名称	资源与效率指数	生产与消费指数	居住与服务指数	生态与环境指数	状态指数
平凉市	34.76	33.07	36.07	41.99	35.75
定西市	34.72	33.08	36.03	42.09	35.75
廊坊市	44.01	33.07	33.13	37.76	35.72
郑州市	34.75	33.15	33.12	46.64	35.59
临沂市	34.77	33.11	33.13	46.68	35.59
湖州市	34.75	33.12	33.11	46.69	35.59
三门峡市	34.76	33.06	33.16	46.67	35.58
威海市	34.70	33.06	33.16	46.65	35.57
乌兰察布市	34.72	33.06	33.17	46.60	35.56
宣城市	34.72	33.06	33.08	46.65	35.54
哈尔滨市	34.73	33.25	36.09	39.88	35.47
阜新市	34.76	33.07	36.05	39.97	35.42
黄冈市	34.70	33.07	36.12	39.85	35.41
南阳市	34.73	33.08	36.05	39.91	35.41
开封市	34.69	33.07	36.09	39.90	35.40
金昌市	34.72	33.08	36.10	39.82	35.40
云浮市	34.75	33.08	36.08	39.80	35.40
河源市	34.73	33.06	36.06	39.88	35.40
鹤岗市	34.72	33.07	36.04	39.85	35.39
鸡西市	34.70	33.06	36.04	39.87	35.38
陇南市	44.05	33.10	33.13	35.31	35.34
广元市	34.74	33.09	33.14	44.46	35.22
晋城市	34.68	33.07	33.20	44.43	35.22
伊春市	34.73	33.18	33.12	44.28	35.22
汉中市	34.72	33.06	33.12	44.51	35.21
延安市	34.75	33.08	33.14	44.40	35.21
孝感市	34.72	33.07	33.11	44.48	35.20
安阳市	34.72	33.08	33.17	44.31	35.20
周口市	34.71	33.06	33.12	44.47	35.20
六安市	34.73	33.08	33.08	44.46	35.20
邢台市	34.70	33.06	33.16	44.37	35.20

城市名称	资源与效率指数	生产与消费指数	居住与服务指数	生态与环境指数	状态指数
达州市	34.71	33.09	33.11	44.37	35.20
玉林市	34.75	33.07	33.09	44.42	35.19
曲靖市	34.74	33.09	33.12	44.34	35.19
运城市	34.69	33.07	33.14	44.38	35.19
临沧市	34.72	33.08	33.10	44.38	35.19
巴中市	34.71	33.08	33.09	44.33	35.18
荆州市	34.71	33.08	36.06	37.66	35.04
铜仁市	44.01	33.08	33.13	33.13	34.98
葫芦岛市	34.72	33.09	33.14	42.30	34.87
洛阳市	34.74	33.14	33.13	42.18	34.87
大同市	34.73	33.09	33.12	42.31	34.87
南充市	34.75	33.08	33.12	42.29	34.86
汕头市	34.73	33.12	33.08	42.26	34.86
呼伦贝尔市	34.74	33.10	33.14	42.14	34.85
衡水市	34.74	33.05	33.15	42.21	34.85
兰州	34.73	33.11	36.11	35.40	34.70
东莞市	47.08	33.15	27.03	39.97	34.70
赣州市	34.73	33.06	36.07	35.37	34.67
丹东市	25.42	33.06	36.06	44.35	34.52
阜阳市	34.73	33.09	33.09	40.03	34.49
清远市	34.88	33.09	33.11	39.82	34.49
商丘市	34.69	33.08	33.08	40.00	34.47
信阳市	34.73	33.09	33.10	39.89	34.47
绥化市	34.75	33.07	33.10	39.88	34.47
晋中市	34.71	33.06	33.13	39.87	34.46
宿州市	44.04	33.08	24.34	44.36	34.01
忻州市	34.70	33.08	33.21	35.54	33.80
临汾市	34.69	33.08	33.17	35.50	33.77
天水市	34.73	33.10	33.10	35.40	33.75
白城市	34.70	33.08	33.14	35.40	33.75
汕尾市	24.10	33.10	36.04	39.94	33.59
鄂尔多斯市	53.47	7.82	47.90	39.92	33.50

附表三　　　　　　**陕西产城融合驱动指数及分项模块指数**

城市	产业发展指数	城市功能指数	联动因素指数	驱动指数
西安市[2014]	56.29	65.49	58.68	60.22
铜川市	40.38	34.82	56.34	44.39
宝鸡市	43.26	49.78	55.87	50.05
咸阳市	48.47	44.88	55.83	49.98
渭南市	43.19	40.35	50.24	44.83
延安市	53.66	48.95	47.10	49.69
汉中市	48.49	42.03	45.56	45.27
榆林市	60.70	36.09	56.64	51.04
安康市	46.44	37.89	35.93	39.74
商洛市	56.65	37.54	30.96	40.88
兴平市	36.23	22.06	35.44	31.24
韩城市	34.08	33.79	38.76	35.70
华阴市	37.76	27.19	34.27	32.97
西安市[2013]	55.73	64.84	58.10	59.62
铜川市	39.98	34.48	55.78	43.95
宝鸡市	42.83	39.29	55.49	46.30
咸阳市	47.99	44.44	55.28	49.48
渭南市	42.76	39.95	49.74	44.39
延安市	53.13	40.47	46.63	46.54
汉中市	48.01	41.61	45.11	44.82
榆林市	60.10	35.73	49.58	48.15
安康市	45.98	37.51	35.57	39.35
商洛市	56.09	37.17	30.65	40.47
兴平市	35.87	21.84	45.09	34.59
韩城市	43.74	33.46	33.88	36.71
华阴市	37.39	26.92	33.93	32.64
西安市[2012]	53.99	64.66	57.29	58.74
铜川市	37.94	38.76	50.12	42.68
宝鸡市	36.08	42.27	43.52	40.87
咸阳市	57.89	33.50	50.75	47.17
渭南市	46.56	40.45	49.34	45.55

续表

城市	产业发展指数	城市功能指数	联动因素指数	驱动指数
延安市	52.10	34.25	46.85	44.25
汉中市	43.47	38.61	44.31	42.16
榆林市	50.79	37.50	48.78	45.64
安康市	40.80	38.84	35.33	38.14
商洛市	33.47	33.66	30.40	32.41
兴平市	45.27	24.06	40.66	36.53
韩城市	45.33	22.18	42.15	36.47
华阴市	37.43	18.47	38.83	31.65
西安市[2011]	55.51	61.68	57.38	58.25
铜川市	40.74	39.53	47.27	42.74
宝鸡市	38.71	47.82	44.24	43.76
咸阳市	53.58	39.67	49.95	47.63
渭南市	46.25	32.85	50.51	43.37
延安市	60.95	33.82	44.90	46.05
汉中市	43.68	36.80	42.76	41.06
榆林市	59.29	35.39	45.68	46.36
安康市	48.08	35.96	34.92	39.23
商洛市	46.53	33.08	27.84	35.20
兴平市	32.53	23.73	35.39	30.66
韩城市	32.87	23.11	41.27	32.71
华阴市	39.45	17.93	37.57	31.62
西安市[2010]	53.56	54.39	54.84	54.31
铜川市	41.87	37.76	43.80	41.21
宝鸡市	48.35	34.81	52.43	45.35
咸阳市	47.74	40.93	46.56	45.05
渭南市	41.44	34.04	42.20	39.26
延安市	44.84	36.17	42.85	41.23
汉中市	44.04	32.48	42.36	39.58
榆林市	62.15	31.01	46.59	46.10
安康市	39.78	37.45	33.22	36.60
商洛市	36.52	36.88	39.61	37.77

续表

城市	产业发展指数	城市功能指数	联动因素指数	驱动指数
兴平市	30.06	22.25	39.08	30.78
韩城市	33.43	25.11	39.55	32.91
华阴市	31.67	21.89	32.01	28.55
西安市[2009]	46.70	44.48	49.90	47.14
铜川市	45.26	30.89	52.30	43.07
宝鸡市	44.44	38.00	56.48	46.72
咸阳市	42.59	37.72	42.07	40.78
渭南市	35.53	34.84	40.05	36.96
延安市	46.46	34.43	41.17	40.53
汉中市	43.87	35.57	38.09	39.00
榆林市	56.12	33.78	47.00	45.36
安康市	38.33	40.26	37.96	38.83
商洛市	37.41	32.26	31.30	33.46
兴平市	33.15	19.15	35.04	29.20
韩城市	38.19	20.55	36.93	31.87
华阴市	38.77	14.31	31.65	28.03
西安市[2008]	46.65	60.82	55.39	54.56
铜川市	42.21	37.08	47.13	42.31
宝鸡市	44.56	32.33	55.62	44.56
咸阳市	42.28	26.63	44.29	37.82
渭南市	34.58	31.59	40.24	35.66
延安市	45.50	35.07	34.38	37.95
汉中市	44.26	28.97	41.54	38.18
榆林市	52.90	29.04	40.09	40.28
安康市	39.22	45.12	35.85	39.94
商洛市	37.85	35.09	30.46	34.22
兴平市	33.12	12.60	31.94	25.87
韩城市	37.38	21.64	33.09	30.58
华阴市	37.57	17.72	27.02	27.11
西安市[2007]	46.20	42.89	53.11	47.64
铜川市	41.80	28.11	45.93	38.77

城市	产业发展指数	城市功能指数	联动因素指数	驱动指数
宝鸡市	37.78	30.94	45.86	38.48
咸阳市	35.90	32.11	43.56	37.45
渭南市	32.76	34.77	35.64	34.48
延安市	63.65	31.88	36.95	43.30
汉中市	43.97	34.45	33.93	37.12
榆林市	42.17	30.19	31.32	34.21
安康市	49.74	34.23	27.58	36.46
商洛市	32.53	30.25	23.84	28.58
兴平市	32.68	13.04	31.59	25.76
韩城市	38.19	14.16	32.04	27.95
华阴市	37.83	13.44	27.64	25.99
西安市[2006]	45.86	43.89	44.12	44.57
铜川市	40.07	37.32	45.61	41.19
宝鸡市	38.39	40.66	32.40	36.94
咸阳市	41.86	37.67	50.68	43.71
渭南市	38.49	30.84	27.30	31.84
延安市	42.97	31.21	52.44	42.54
汉中市	37.59	28.31	37.02	34.30
榆林市	57.81	22.30	28.05	35.10
安康市	42.66	31.06	30.41	34.31
商洛市	38.26	30.49	23.96	30.43
兴平市	34.77	20.84	32.50	29.31
韩城市	35.02	21.37	32.52	29.57
华阴市	38.92	19.02	27.60	28.16
西安市[2005]	51.45	37.60	47.27	45.32
铜川市	38.07	25.54	44.49	36.27
宝鸡市	34.72	27.14	38.05	33.43
咸阳市	46.44	31.33	41.51	39.61
渭南市	40.08	33.59	30.67	34.47
延安市	40.90	27.90	40.78	36.54
汉中市	42.69	20.11	37.70	33.36

城市	产业发展指数	城市功能指数	联动因素指数	驱动指数
榆林市	45.92	29.20	27.71	33.68
安康市	36.83	33.66	33.69	34.63
商洛市	36.29	32.03	30.12	32.61
兴平市	38.65	23.73	33.93	31.96
韩城市	34.63	24.06	28.79	28.98
华阴市	32.32	20.67	29.48	27.41
西安市[2004]	45.93	43.82	41.81	43.72
铜川市	40.93	29.96	33.57	34.58
宝鸡市	36.47	27.45	41.62	35.36
咸阳市	41.87	39.70	38.67	39.98
渭南市	35.57	34.66	35.01	35.06
延安市	41.74	19.16	34.83	31.71
汉中市	37.20	30.58	35.39	34.34
榆林市	46.66	26.67	31.25	34.37
安康市	48.17	34.42	28.82	36.51
商洛市	42.68	31.70	20.09	30.74
兴平市	34.56	15.76	25.39	24.95
韩城市	40.12	16.24	30.12	28.52
华阴市	39.94	16.30	26.19	27.04
西安市[2003]	42.38	42.34	42.40	42.37
铜川市	42.15	29.27	46.16	39.35
宝鸡市	44.94	37.79	32.70	38.07
咸阳市	38.93	37.85	45.24	40.89
渭南市	34.50	34.61	31.27	33.35
延安市	36.84	24.60	43.11	35.08
汉中市	36.86	31.20	37.74	35.30
榆林市	44.39	22.98	32.21	32.82
安康市	39.01	26.95	23.46	29.30
商洛市	38.76	24.06	20.92	27.33
兴平市	33.80	14.34	28.84	25.52
韩城市	36.12	19.85	33.85	29.88

城市	产业发展指数	城市功能指数	联动因素指数	驱动指数
华阴市	39.87	16.42	29.57	28.30
西安市[2002]	48.23	43.48	45.68	45.71
铜川市	41.08	16.41	24.95	26.97
宝鸡市	37.42	34.72	40.77	37.76
咸阳市	35.57	30.31	43.22	36.63
渭南市	33.42	30.96	25.83	29.82
延安市	39.40	27.10	38.22	34.88
汉中市	37.87	30.38	37.57	35.27
榆林市	49.98	29.52	26.10	34.42
安康市	38.36	31.69	20.31	29.52
商洛市	31.43	26.52	18.25	24.96
兴平市	32.99	14.77	20.90	22.50
韩城市	38.73	15.77	25.21	26.15
华阴市	31.09	17.12	21.81	23.04
西安市[2001]	46.29	37.36	40.08	41.05
铜川市	35.39	24.16	31.56	30.26
宝鸡市	37.71	22.01	34.74	31.41
咸阳市	46.49	23.47	36.70	35.25
渭南市	28.17	33.64	26.46	29.36
延安市	40.22	35.18	37.45	37.53
汉中市	37.61	30.71	34.17	34.06
榆林市	40.72	28.59	23.67	30.43
安康市	37.76	35.84	21.34	31.09
商洛市	31.90	31.51	19.16	27.10
兴平市	34.21	13.51	24.31	23.70
韩城市	39.63	13.95	28.76	27.12
华阴市	40.14	13.01	25.23	25.66
西安市[2000]	44.95	33.61	41.25	39.83
铜川市	24.82	24.06	36.44	28.83
宝鸡市	37.44	30.12	35.44	34.28
咸阳市	37.82	21.56	36.84	32.06

城市	产业发展指数	城市功能指数	联动因素指数	驱动指数
渭南市	26.81	36.89	25.75	29.76
延安市	40.81	23.22	37.77	33.85
汉中市	36.89	29.20	38.21	34.82
榆林市	37.04	24.42	26.01	28.80
安康市	37.04	27.27	20.42	27.70
商洛市	30.26	23.16	16.35	22.80
兴平市	24.26	13.95	18.95	18.89
韩城市	30.83	21.12	22.89	24.69
华阴市	30.04	16.71	20.15	21.98

附表四 **陕西产城融合状态指数及分项模块指数**

城市名	资源与效率指数	生产与生活指数	居住与服务指数	经济与环境指数	状态指数
西安市[2014]	63.62	69.70	45.76	57.21	58.77
铜川市	34.39	65.08	34.95	56.34	46.93
宝鸡市	39.82	63.50	37.24	64.08	50.20
咸阳市	51.79	57.68	44.06	59.81	52.78
渭南市	42.96	65.47	43.20	52.81	50.77
延安市	44.25	59.58	47.80	45.11	49.25
汉中市	31.13	58.48	60.23	50.39	50.19
榆林市	43.92	65.23	33.07	56.58	48.94
安康市	29.51	60.04	59.65	54.31	50.84
商洛市	24.45	60.83	53.39	52.37	47.60
兴平市	23.52	46.39	27.38	42.53	34.38
韩城市	23.96	49.75	29.65	46.39	36.80
华阴市	20.77	52.26	33.99	45.82	37.70
西安市[2013]	60.60	66.37	43.58	54.48	55.97
铜川市	32.75	61.97	33.29	53.66	44.69
宝鸡市	37.93	60.48	35.46	61.03	47.81
咸阳市	49.32	54.93	41.95	56.96	50.26
渭南市	40.91	62.36	41.14	50.29	48.35

续表

城市名	资源与效率指数	生产与生活指数	居住与服务指数	经济与环境指数	状态指数
延安市	42.14	56.74	45.52	42.97	46.91
汉中市	29.65	55.69	57.35	47.99	47.80
榆林市	41.83	62.13	31.49	53.89	46.61
安康市	28.11	57.18	56.82	51.72	48.42
商洛市	23.29	57.94	50.85	49.87	45.33
兴平市	22.40	44.18	26.07	40.50	32.74
韩城市	22.81	47.39	28.24	44.18	35.04
华阴市	19.78	49.78	32.37	43.64	35.91
西安市[2012]	59.10	59.49	42.75	51.54	52.99
铜川市	23.09	64.65	33.08	54.62	43.04
宝鸡市	27.30	59.25	35.61	65.76	45.82
咸阳市	43.73	52.54	39.40	58.27	47.79
渭南市	38.70	58.59	38.83	51.24	46.39
延安市	46.86	54.98	44.54	38.06	46.36
汉中市	31.43	54.69	55.34	47.84	47.41
榆林市	34.67	58.58	37.46	54.62	45.69
安康市	28.73	53.27	53.21	48.48	45.90
商洛市	26.90	47.05	49.50	50.58	43.27
兴平市	24.52	43.23	26.15	37.24	32.38
韩城市	28.04	49.87	32.58	30.34	35.29
华阴市	19.59	52.04	29.59	31.22	33.03
西安市[2011]	54.09	54.38	47.39	50.69	51.53
铜川市	20.79	53.27	37.25	51.76	40.13
宝鸡市	26.60	57.11	35.63	61.18	44.13
咸阳市	42.61	48.51	37.90	55.48	45.48
渭南市	36.52	54.75	42.03	50.95	45.69
延安市	42.10	48.22	46.37	41.42	44.65
汉中市	32.40	49.69	47.70	45.54	43.78
榆林市	39.49	41.98	39.53	55.86	43.56
安康市	28.48	44.35	53.04	48.17	43.47
商洛市	23.54	47.06	48.07	49.92	41.88

续表

城市名	资源与效率指数	生产与生活指数	居住与服务指数	经济与环境指数	状态指数
兴平市	21.71	41.36	28.81	33.94	31.23
韩城市	18.04	48.42	29.08	40.12	33.46
华阴市	18.45	52.79	23.67	32.70	31.59
西安市[2010]	48.43	56.46	48.27	45.57	49.76
铜川市	19.86	45.58	35.33	51.34	37.32
宝鸡市	24.04	56.07	40.32	55.04	43.21
咸阳市	40.74	48.11	39.88	51.54	44.61
渭南市	27.18	58.23	50.26	45.99	45.41
延安市	46.79	45.88	44.55	42.85	45.06
汉中市	30.13	50.45	45.34	45.83	42.80
榆林市	41.14	51.17	31.06	52.55	43.25
安康市	28.90	46.97	49.18	46.98	42.91
商洛市	21.42	47.26	47.96	50.64	41.51
兴平市	21.46	36.87	28.44	35.83	30.32
韩城市	15.81	34.35	31.38	47.11	31.45
华阴市	14.43	36.60	38.32	39.25	31.93
西安市[2009]	45.27	52.59	47.12	45.28	47.59
铜川市	19.01	46.77	33.17	47.81	36.05
宝鸡市	33.48	50.52	38.39	47.11	42.01
咸阳市	39.05	39.50	37.38	57.18	42.50
渭南市	25.94	50.20	46.84	49.98	42.96
延安市	28.69	50.14	44.48	47.67	42.50
汉中市	32.11	42.98	46.56	45.53	41.69
榆林市	32.44	48.09	25.82	49.56	38.15
安康市	28.13	49.54	44.31	49.16	42.47
商洛市	21.87	44.61	50.34	49.48	41.37
兴平市	21.07	39.03	26.30	37.09	30.44
韩城市	16.51	40.14	30.22	39.59	31.18
华阴市	13.31	38.97	36.59	33.89	30.62
西安市[2008]	38.21	53.75	46.63	47.89	46.50
铜川市	17.91	44.46	37.29	44.20	35.57

续表

城市名	资源与效率指数	生产与生活指数	居住与服务指数	经济与环境指数	状态指数
宝鸡市	29.12	50.36	41.22	47.99	41.83
咸阳市	23.27	47.76	41.75	53.79	41.05
渭南市	24.96	51.00	48.65	48.57	43.11
延安市	29.29	57.46	30.76	47.97	40.76
汉中市	20.54	45.49	47.26	47.44	39.96
榆林市	29.46	47.99	30.64	51.48	39.11
安康市	22.07	44.96	48.39	47.75	40.60
商洛市	21.12	38.34	44.95	46.84	37.53
兴平市	20.74	38.12	24.75	38.16	29.92
韩城市	17.40	40.84	31.01	36.08	31.06
华阴市	13.01	37.92	37.13	33.85	30.42
西安市[2007]	37.36	51.65	49.89	47.08	46.48
铜川市	14.42	40.49	31.76	48.74	33.10
宝鸡市	28.33	50.94	32.07	44.87	38.57
咸阳市	28.29	39.19	41.24	50.11	39.25
渭南市	26.35	44.86	38.34	47.89	38.90
延安市	24.95	47.40	26.68	46.99	35.76
汉中市	21.87	53.89	39.64	47.77	40.38
榆林市	22.08	52.27	38.75	46.63	39.54
安康市	21.65	50.44	52.57	45.13	42.48
商洛市	20.01	35.89	44.02	49.14	36.86
兴平市	19.48	38.24	28.92	35.65	30.26
韩城市	15.94	39.84	32.74	38.94	31.52
华阴市	11.66	37.90	39.50	35.90	31.17
西安市[2006]	33.35	50.11	47.83	47.52	44.59
铜川市	14.98	38.64	34.03	38.83	31.31
宝鸡市	23.83	48.79	39.09	44.44	38.73
咸阳市	31.20	39.72	42.45	48.05	40.02
渭南市	23.80	49.52	48.22	49.62	42.55
延安市	29.29	41.43	29.18	52.47	37.22
汉中市	20.74	45.82	45.00	47.76	39.54

续表

城市名	资源与效率指数	生产与生活指数	居住与服务指数	经济与环境指数	状态指数
榆林市	19.97	43.43	40.28	49.72	37.84
安康市	18.74	47.18	36.37	49.48	37.33
商洛市	17.62	42.00	42.12	38.15	34.93
兴平市	20.78	31.48	26.62	38.70	28.89
韩城市	15.90	38.98	27.65	40.13	30.13
华阴市	11.42	40.81	33.07	37.52	30.39
西安市[2005]	32.59	49.08	46.33	45.76	43.34
铜川市	16.80	44.56	36.54	40.79	34.38
宝鸡市	22.07	51.25	37.63	48.15	39.28
咸阳市	22.13	34.09	31.78	58.09	35.44
渭南市	21.77	38.83	41.51	50.63	37.67
延安市	22.75	44.65	30.90	47.93	35.87
汉中市	19.42	36.33	44.11	44.54	35.87
榆林市	21.48	46.56	39.42	48.02	38.42
安康市	17.30	45.91	51.28	44.14	39.66
商洛市	17.56	41.43	41.90	44.29	36.01
兴平市	19.04	30.05	25.36	36.12	27.18
韩城市	14.78	40.85	28.01	38.69	30.11
华阴市	11.03	43.66	33.45	33.55	30.28
西安市[2004]	31.41	49.19	45.74	44.78	42.69
铜川市	18.12	43.08	36.67	39.94	34.20
宝鸡市	22.56	48.51	39.86	40.37	37.69
咸阳市	21.78	33.39	33.06	50.49	33.92
渭南市	20.45	32.66	44.92	47.81	36.12
延安市	20.14	48.38	35.74	40.70	35.96
汉中市	13.24	41.92	53.23	47.48	38.86
榆林市	18.83	47.21	23.94	47.51	33.49
安康市	16.61	39.24	48.21	47.27	37.60
商洛市	15.41	39.24	40.96	43.56	34.49
兴平市	20.34	23.44	27.76	38.09	26.93
韩城市	16.18	34.51	29.41	38.47	29.20

城市名	资源与效率指数	生产与生活指数	居住与服务指数	经济与环境指数	状态指数
华阴市	12.46	37.20	31.54	34.01	28.58
西安市²⁰⁰³	29.56	46.73	44.36	43.87	41.02
铜川市	15.97	39.70	38.45	37.75	32.82
宝鸡市	20.61	46.22	39.02	39.04	36.09
咸阳市	21.19	39.01	39.23	42.25	35.15
渭南市	19.20	35.18	40.58	40.03	33.58
延安市	14.73	37.24	35.77	45.28	32.73
汉中市	13.18	39.18	44.43	40.74	34.28
榆林市	17.91	45.52	31.75	39.16	33.23
安康市	15.76	38.29	44.07	46.57	35.85
商洛市	16.93	42.68	39.55	33.28	33.18
兴平市	19.07	21.30	25.82	36.00	25.08
韩城市	15.48	34.74	28.04	33.62	27.67
华阴市	11.63	36.85	29.59	33.46	27.62
西安市²⁰⁰²	28.19	44.37	42.79	44.41	39.75
铜川市	16.30	38.24	39.16	34.23	31.99
宝鸡市	21.00	37.92	39.86	45.19	35.63
咸阳市	20.96	40.07	40.73	41.18	35.56
渭南市	17.74	33.70	38.19	41.16	32.41
延安市	19.03	37.47	28.79	42.72	31.41
汉中市	12.09	38.76	40.39	39.86	32.58
榆林市	11.30	40.14	29.89	39.11	29.65
安康市	16.65	35.48	42.78	41.12	33.85
商洛市	19.15	36.55	35.73	33.81	31.25
兴平市	23.47	26.03	27.80	36.72	28.11
韩城市	20.47	27.39	29.78	39.38	28.80
华阴市	11.44	27.04	33.70	36.59	26.90
西安市²⁰⁰¹	29.30	42.09	44.02	43.60	39.63
铜川市	19.27	35.26	38.36	33.55	31.63
宝鸡市	21.23	42.17	38.16	42.00	35.62
咸阳市	21.38	36.76	42.72	40.98	35.34

城市名	资源与效率指数	生产与生活指数	居住与服务指数	经济与环境指数	状态指数
渭南市	15.90	29.76	43.57	44.75	33.20
延安市	20.86	39.45	28.56	42.87	32.35
汉中市	11.02	35.88	40.39	41.90	32.01
榆林市	11.57	41.95	36.66	37.29	31.67
安康市	15.55	35.52	36.88	36.67	31.00
商洛市	18.22	38.01	33.03	34.11	30.69
兴平市	20.70	24.72	26.66	34.30	26.24
韩城市	15.25	25.43	30.88	39.90	27.38
华阴市	13.84	23.95	34.74	38.57	27.43
西安市[2000]	28.29	40.84	43.34	41.71	38.47
铜川市	22.92	26.05	34.22	39.08	30.26
宝鸡市	25.88	23.69	34.56	38.51	30.39
咸阳市	23.64	28.49	39.88	42.53	33.36
渭南市	20.27	26.06	37.61	36.98	30.08
延安市	21.84	29.05	28.27	36.16	28.46
汉中市	13.70	33.43	39.92	34.72	30.42
榆林市	12.72	36.81	34.57	36.67	29.95
安康市	18.32	34.06	35.70	33.18	30.26
商洛市	19.23	27.58	33.12	29.95	27.46
兴平市	19.09	22.00	28.15	34.16	25.52
韩城市	14.92	26.19	30.81	36.86	26.82
华阴市	12.02	25.17	34.47	36.05	26.67

参考文献

［1］阿瑟·奥沙利文：《城市经济学》，北京大学出版社 2008 年版。

［2］埃比尼泽·霍华德：《明日的田园城市》，商务印书馆 2000 年版。

［3］安虎森：《空间经济学原理》，经济科学出版社 2005 年版。

［4］安树伟：《近年来我国城市环境污染的趋势、危害与治理》，《城市发展研究》2013 年第 5 期。

［5］安树伟、魏后凯：《东北资源型城市的产业结构转型》，《经济管理》2006 年第 3 期。

［6］安东尼·吉登斯：《第三条道路：社会民主主义的复兴》，北京大学出版社 2000 年版。

［7］奥古斯特·勒施：《经济空间秩序》，商务印书馆 2010 年版。

［8］陈凯：《道统经济学》，经济科学出版社 2015 年版。

［9］陈秀山、陈斐：《区域协调发展目标、路径、评价》，商务印书馆 2013 年版。

［10］陈云：《产城融合如何拯救大上海》，《决策》2011 年第 10 期。

［11］陈运平、黄小勇：《泛县域经济产城融合共生：演化逻辑、理论解构与产业路径》，《宏观经济研究》2016 年第 4 期。

［12］陈真玲：《生态效率、城镇化与空间溢出——基于空间面板杜宾模型的研究》，《管理评论》2016 年第 11 期。

［13］成金华、吴巧生：《中国工业化进程中的环境问题与"环境成本内化"发展模式》，《管理世界》2007 年第 1 期。

［14］程开明：《城市自组织理论与模型研究新进展》，《经济地理》2009 年第 4 期。

[15] 蔡昉：《人口转变、人口红利与刘易斯转折点》，《经济研究》2010 年第 4 期。

[16] 邓若冰、刘颜：《工业集聚、空间溢出与区域经济增长——基于空间面板杜宾模型的研究》，《经济问题探索》2016 年第 1 期。

[17] 樊纲、武良成：《城市化：着眼于城市化的质量》，中国经济出版社 2010 年版。

[18] 樊纲、王小鲁、朱恒鹏：《中国市场化指数》，经济科学出版社 2011 年版。

[19] 范柏乃、邓峰、马庆国：《可持续发展理论综述》，《浙江社会科学》1998 年第 3 期。

[20] 范剑勇、朱国林：《中国地区差距演变及其结构分解》，《管理世界》2002 年第 7 期。

[21] 冯奎：《中国新城新区转型发展趋势研究》，《经济纵横》2015 年第 4 期。

[22] 傅江帆、贺灿飞、沈昊婧：《中国城市生产效率差异——集聚效应还是企业选择效应》，《城市发展研究》2013 年第 4 期。

[23] 弗朗索瓦·佩鲁：《新发展观》，华夏出版社 2007 年版。

[24] 盖庆恩、朱喜、程名望等：《要素市场扭曲、垄断势力与全要素生产率》，《经济研究》2015 年第 5 期。

[25] 高刚彪：《"产城融合"视角下产业集聚区空间发展研究——以商水县产业集聚区为例》，硕士学位论文，郑州大学，2011 年。

[26] 高维和、史珏琳：《全球城市文化资源配置力评价指标体系研究及五大城市实证评析》，《上海经济研究》2015 年第 5 期。

[27] 高铁梅：《计量经济分析方法与建模》，清华大学出版社 2009 年版。

[28] 郭鸿懋等：《城市空间经济学》，经济科学出版社 2002 年版。

[29] 郭立宏：《产业组织政策效应与产业组织优化》，《生产力研究》1995 年第 2 期。

[30] 黄新建、陈文喆：《"产城"结合视角下的江西区域城市化发展路径研究》，《企业经济》2012 年第 10 期。

[31] 郝寿义、安虎森：《区域经济学》，经济科学出版社 2004 年版。

［32］韩纪江、郭熙保：《扩散与回波效应的研究脉络及其新进展》，《经济学动态》2014 年第 2 期。

［33］霍利斯·钱纳里等：《工业化和经济增长的比较研究》，格致出版社 2015 年版。

［34］胡珑瑛、王建华：《高技术园区对区域经济的辐射和带动评价研究》，《哈尔滨工业大学学报》2001 年第 1 期。

［35］胡长顺：《中国新时期工业化战略与产业政策》，《管理世界》1996 年第 2 期。

［36］惠宁：《知识溢出的经济效应研究》，《西北大学学报》（哲学社会科学版）2007 年第 1 期。

［37］黄志勇、许承明：《FDI 对上海产业结构影响的实证分析——基于面板数据模型的研究》，《产业经济研究》2008 年第 4 期。

［38］吉昱华：《中国城市集聚效益实证分析》，《管理世界》2004 年第 3 期。

［39］杰弗里·M. 伍德里奇：《计量经济学导论》，中国人民大学出版社 2010 年版。

［40］金春雨、陈霞、王伟强：《我国八大经济区服务业空间集聚与专业化变动趋势及其空间效应分析》，《当代经济研究》2016 年第 7 期。

［41］蒋华东：《产城融合发展及其城市建设的互融性探讨——以四川省天府新区为例》，《经济体制改革》2012 年第 6 期。

［42］柯善咨、赵曜：《产业结构、城市规模与中国城市生产率》，《经济研究》2014 年第 4 期。

［43］克里斯塔勒：《南部德国中心地原理》，商务印书馆 2010 年版。

［44］库兹涅茨：《各国的经济增长》，商务印书馆 1985 年版。

［45］罗斯托：《经济增长阶段》，中国社会科学出版社 2001 年版。

［46］罗伯特·帕克等：《城市社会学——芝加哥学派城市研究》，商务印书馆 2012 年版。

［47］厉以宁：《中国经济双重转型之路》，中国人民大学出版社 2013 年版。

［48］李学杰：《城市化进程中对产城融合发展的探析》，《经济师》

2012 年第 10 期。

[49] 李晓萍、李平、吕大国、江飞涛：《经济集聚、选择效应与企业生产率》，《管理世界》2015 年第 4 期。

[50] 李天健：《城市病评价指标体系构建及应用研究》，《城市观察》2012 年第 4 期。

[51] 李平、江飞涛、王宏伟：《重点产业调整振兴规划与政策取向探讨》，《宏观经济研究》2010 年第 10 期。

[52] 李琪：《城市化质量研究：理论框架与中国经验》，博士学位论文，西北大学，2012 年。

[53] 李嫣怡、刘荣、丁维岱：《统计分析与应用》，电子工业出版社2013 年版。

[54] 刘荣增、王淑华：《城市新区的产城融合》，《城市问题》2013 年第 6 期。

[55] 刘瑾、耿谦、王艳：《产城融合型高新区发展模式及其规划策略——以济南高新区东区为例》，《规划师》2012 年第 2 期。

[56] 刘明、朱云鹏：《产城融合建设天府新区的文化视角初探》，《四川省干部函授学院学报》2011 年第 4 期。

[57] 刘世锦：《产业集聚及其对经济发展的意义》，《中国经济时报》2003 年 5 月 20 日。

[58] 刘瑞明、石磊：《中国城市化迟滞的所有制基础：理论与经验证据》，《经济研究》2015 年第 4 期。

[59] 刘宝香：《产城融合视角下我国农业转移人口住房模式研究——基于就业效应作用渠道的分析》，《经济问题探索》2017 年第 7 期。

[60] 梁浩：《"新四化"视角下产城融合思路研究——以宝山区北部新城建设为例》，《产业经济》2013 年第 6 期。

[61] 林勇、陈名银：《中国城镇化——市场还是政府》，《西安财经学院学报》2014 年第 7 期。

[62] 林章悦、王云龙：《新常态下金融支持产城融合问题研究——以天津市为例》，《管理世界》2015 年第 8 期。

[63] 林毅夫：《新结构经济学——反思经济发展和政策的理论框架》，

北京大学出版社 2012 年版。

［64］梁学成：《产城融合视域下文化产业园区与城市建设互动发展影响因素研究》，《中国软科学》2017 年第 1 期。

［65］冷志明：《新经济地理实证研究文献述评》，《经济学动态》2010 年第 6 期。

［66］龙麒任：《基于 PCA／AHP 的产城融合测度与评价——以湖南省为例》，《经济师》2016 年第 4 期。

［67］吕康银：《利益分配、矛盾冲动与协调发展》，东北师范大学出版社 2015 年版。

［68］卢为民：《产城融合发展中的治理困境与突破——以上海为例》，《浙江学刊》2015 年第 2 期。

［69］逯元堂、王金南、李云生：《可持续发展指标体系在中国的研究与应用》，《环境保护》2003 年第 11 期。

［70］陆铭、陈钊、严冀：《收益递增、发展战略与区域经济分割》，《经济研究》2004 年第 1 期。

［71］马野驰、祝滨滨：《产城融合发展存在的问题与对策研究》，《经济纵横》2015 年第 5 期。

［72］马国霞、石敏俊、李娜：《中国制造业产业间集聚度及产业间集聚机制》，《管理世界》2007 年第 8 期。

［73］迈克尔·波特：《国家竞争优势》，中信出版社 2012 年版。

［74］倪鹏飞：《关于中国新型城镇化的若干思考》，《经济纵横》2014 年第 9 期。

［75］倪鹏飞：《中国城市竞争力理论研究与实证分析》，中国经济出版社 2001 年版。

［76］潘孝军：《城市化理论研究综述》，《广西经济管理干部学院学报》2006 年第 1 期。

［77］潘文卿：《中国的区域关联与经济增长的空间溢出效应》，《经济研究》2012 年第 1 期。

［78］庞闻、马耀峰、唐仲霞：《旅游经济与生态环境耦合关系及协调发展研究——以西安市为例》，《西北大学学报》（自然科学版）2011 年第 6 期。

［79］秦智、李敏：《产城融合推进柳东新区新型城镇化建设步伐》，《企业科技与发展》2013 年第 16 期。

［80］任保平：《论中国的二元经济结构》，《经济与管理研究》2004 年第 9 期。

［81］铙会林：《城市经济学》，东北财经大学出版社 1999 年版。

［82］苏林、郭兵、李雪：《高新园区产城融合的模糊层次综合评价研究——以上海张江高新园区为例》，《工业技术经济》2013 年第 7 期。

［83］孙红军、李红、马云鹏：《系统论视角下的"产城融合"理论拓展》，《绿色科技》2014 年第 2 期。

［84］孙红军、李红、赵金虎：《产城融合评价体系初探》，《科技创新导报》2014 年第 2 期。

［85］孙晓华、郭旭：《工业集聚效应的来源：劳动还是资本》，《中国工业经济》2015 年第 11 期。

［86］孙早、席建成：《中国式产业政策的实施效果：产业升级还是短期经济增长》，《中国工业经济》2015 年第 7 期。

［87］孙东琪、张京祥等：《长江三角洲城市化效率与经济发展水平的耦合关系》，《地理科学进展》2013 年第 7 期。

［88］孙丽敏：《产业园区"产城融合"探究》，《经济论坛》2014 年第 1 期。

［89］宋胜洲、郑春梅、高鹤文：《产业经济学原理》，清华大学出版社 2012 年版。

［90］宋小芬：《国内外工业化理论综述——兼论工业化的一般性与多样性》，《经济问题探索》2008 年第 4 期。

［91］石忆邵：《产城融合研究：回顾与新探》，《城市规划学刊》2016 年第 5 期。

［92］泰坦伯格：《环境与资源经济学》，经济科学出版社 2003 年版。

［93］唐晓宏：《基于灰色关联的开发区产城融合度评价研究》，《上海经济研究》2014 年第 6 期。

［94］唐为、王媛：《行政区划调整与人口城市化：来自撤县设区的经验证据》，《经济研究》2015 年第 9 期。

［95］ 汤正仁：《耗散结构论的经济发展观》，《经济评论》2002 年第 2 期。

［96］ 托达罗：《经济发展与第三世界》，中国经济出版社 1992 年版。

［97］ 陶建杰：《国际视野下的上海文化软实力优劣势评析》，《中国名城》2012 年第 4 期。

［98］ 藤田长久、克鲁格曼等：《空间经济学：城市、区域与国际贸易》，中国人民大学出版社 2013 年版。

［99］ 王新文：《城市化发展的代表性理论综述》，《济南市社会主义学院学报》2002 年第 1 期。

［100］ 王小鲁：《中国城市化路径与城市规模的经济学分析》，《经济研究》2010 年第 10 期。

［101］ 王菲：《基于组合赋权和四格象限法的产业集聚区产城融合发展评价研究》，《生态经济》2014 年第 3 期。

［102］ 王霞、王岩红、苏林、郭兵、王少伟：《国家高新区产城融合度指标体系的构建及评价——基于因子分析及熵值法》，《科学学与科学技术管理》2014 年第 7 期。

［103］ 王缉慈：《创新的空间——企业集群与区域发展》，北京大学出版社 2001 年版。

［104］ 王力年、滕福星：《论区域经济系统协同发展的关键环节及推进原则》，《工业技术经济》2012 年第 2 期。

［105］ 王智勇：《产业结构、城市化与地区经济增长》，《产业经济研究》2013 年第 5 期。

［106］ 王家庭、孙哲：《自贸区试验服务内容的辐射效应与区域发展》，《上海城市管理》2014 年第 1 期。

［107］ 王翼龙、李仁贵、弗朗索瓦·佩鲁：《国际理论评价》，《经济学动态》1995 年第 9 期。

［108］ 王旭：《美国城市发展模式：从城市化到大都市区化》，清华大学出版社 2006 年版。

［109］ 王欣、徐颖、王先君：《关于实现"产城融合"的若干思考——以台州市区为例》，《建筑设计管理》2015 年第 1 期。

［110］ 吴振明：《工业化、城镇化、农业现代化进程协调状态测度研

究——以中国西部地区为例》，《统计与信息论坛》2012 年第 7 期。

[111] 文玫：《中国工业在区域上的重新定位和聚集》，《经济研究》 2004 年第 2 期。

[112] 威廉·配第：《政治算术》，商务印书馆 2014 年版。

[113] 夏骥：《对上海郊区产城融合发展的思考》，《城市》2011 年第 9 期。

[114] 谢文蕙、邓卫：《城市经济学》，清华大学出版社 2008 年版。

[115] 谢呈阳、胡汉辉、周海波：《新型城镇化背景下"产城融合"的 内在机理与作用路径》，《财经研究》2016 年第 1 期。

[116] 许光清、邹骥：《可持续发展与系统动力学》，《经济理论与经济 管理》2005 年第 1 期。

[117] 徐维祥、舒季君、唐根年：《中国工业化、信息化、城镇化和农 业现代化协调发展的时空格局与动态演进》，《经济学动态》 2015 年第 1 期。

[118] 徐强：《中国产业集聚形成机理与发展对策研究》，博士学位论 文，厦门大学，2003 年。

[119] 徐代明：《基于产城融合理念的高新区发展思路调整与路径优 化》，《改革与战略》2013 年第 29 期。

[120] 杨芳、王宇：《产城融合的新区空间布局模式研究》，《山西建 筑》2014 年第 1 期。

[121] 杨雪锋、孙震：《共享发展理念下的产城融合作用机理研究》， 《学习与实践》2016 年第 3 期。

[122] 殷德生、江海英：《产城融合中的"三区联动"运行机制与中国 实践模式》，《北华大学学报》（社会科学版）2014 年第 6 期。

[123] 易小光等：《"四化"同步发展与区域实践研究》，中国经济出 版社 2015 年版。

[124] 尹栾玉：《基本公共服务：理论、现状与对策分析》，《政治学研 究》2016 年第 5 期。

[125] 伊利尔·沙里宁：《城市：它的发展、衰败与未来》，中国建筑 工业出版社 1986 年版。

［126］于刃刚：《配第—克拉克定理评述》，《经济学动态》1996 年第
8 期。

［127］亚当·斯密：《国富论》，陕西人民出版社 2001 年版。

［128］俞剑、方福前：《结构变迁与经济增长的传导机制演变》，《经济
学动态》2015 年第 7 期。

［129］岳隽、古杰：《产城融合的概念框架搭建：基于空间组织逻辑的
识别与评价》，《城市观察》2015 年第 6 期。

［130］张道刚：《"产城融合"的新理念》，《决策》2011 年第 1 期。

［131］张明之：《产业集聚、新产业区与城市经济空间整合》，《中国软
科学》2003 年第 7 期。

［132］张辉：《我国工业化加速进程中主导产业驱动机制》，《经济学动
态》2012 年第 11 期。

［133］张赛飞：《区域经济综合评价实证研究》，中央编译出版社 2011
年版。

［134］张锦秋：《浅谈城市文化环境的营造》，《建筑创作》2002 年第
4 期。

［135］张云峰、王录仓、王航：《西方国家基于"二元"结构的农村劳
动力转移理论述评》，《西北师范大学学报》（自然科学版）
2006 年第 3 期。

［136］张同升：《中国城市化水平测定研究综述》，《城市发展研究》
2002 年第 2 期。

［137］张衔、黄金辉、邓翔：《东中西部地区农户人力资本投资行为比
较分析》，《中国农村经济》2005 年第 4 期。

［138］张倩、胡云锋、刘纪远等：《基于交通、人口和经济的中国城市
群识别》，《地理学报》2011 年第 6 期。

［139］张昕、李廉水：《我国城市间制造业劳动生产率差异的解释》，
《中国软科学》2006 年第 9 期。

［140］张建清、白洁、王磊：《产城融合对国家高新区创新绩效的影
响——来自长江经济带的实证研究》，《宏观经济研究》2017 年
第 5 期。

［141］赵伟、张萃：《FDI 与中国制造业区域集聚：基于 20 个行业的实

证分析》，《经济研究》2007 年第 11 期。

[142] 赵勇、白永秀：《知识溢出：一个文献综述》，《经济研究》2009 年第 1 期。

[143] 中国经济增长前沿课题组：《突破经济增长减速的新要素供给理论、体制与政策选择》，《经济研究》2015 年第 11 期。

[144] 周一星：《城市地理学》，商务印书馆 1995 年版。

[145] 周一星：《中国城市工业产出水平与城市规模的关系》，《经济研究》1988 年第 5 期。

[146] 周一星：《城市地理求索》，商务印书馆 2010 年版。

[147] 周海波：《产城融合视角下服务业与制造业集群协同发展模式研究》，第十二届产业集群与区域发展国际学术会议论文集，北京，2013 年。

[148] 周天勇：《托达罗模型的缺陷及其相反的政策含义——中国剩余劳动力转移和就业容量扩张的思路》，《经济研究》2001 年第 3 期。

[149] 周振华、周国平：《服务经济发展与制度环境》，格致出版社 2011 年版。

[150] 周文：《城市经济学》，中国人民大学出版社 2014 年版。

[151] 周作江、周国华、王一波、肖佳：《环长株潭城市群产城融合测度研究》，《湖南师范大学自然科学学报》2016 年第 39 期。

[152] 邹华、徐玢玢、杨朔：《基于熵值法的我国区域创新能力评价研究》，《科技管理研究》2013 年第 23 期。

[153] 邹小勤、曹国华、许劲：《西部欠发达地区"产城融合"效应实证研究》，《重庆大学学报》（社会科学版）2015 年第 4 期。

[154] 钟顺昌、李坚、简光华：《产城融合视角下城镇化发展的新思考》，《商业时代》2014 年第 17 期。

[155] 甄峰、秦萧：《智慧城市顶层设计总体框架研究》，《城市发展研究》2014 年第 10 期。

[156] 仲德涛：《我国新型城市化的探索与实践——以"深圳模式"为例》，《对外经贸》2012 年第 9 期。

[157] 朱梅、魏向东：《国际旅游城市评价指标体系的构建及应用研

究》,《经济地理》2011 年第 1 期。

[158] 朱明宝、杨云彦:《城市规模与农民工的城市融入——基于全国 248 个地级及以上城市的经验研究》,《经济学动态》2016 年第 4 期。

[159] 朱英明、杨连盛、吕慧君等:《资源短缺、环境损害及其产业集聚效果研究——基于 21 世纪我国省级工业集聚的实证分析》,《管理世界》2012 年第 11 期。

[160] 庄锡昌、顾晓鸣、顾云深等:《多维视野中的文化理论》,浙江人民出版社 1987 年版。

[161] Au, C., J. Henderson, "Are Chinese Cities Too Small?", *Review of Economic Studies*, 2006, 73: 549 – 576.

[162] Arrow, K., Bolin, B., "Economic Growth, Carrying Capacity and the Environment", *Science*, 1995, 268: 520 – 521.

[163] Baranzini, A., E. Bourguignon, "Is Sustainable Growth Optimal?", *International Tax and Public Finance*, 1995, 2: 341 – 356.

[164] Barbier, Edward B., "The Concept of Sustainable Economic Development", *Environmental Conservation*, 1987, 14 (2): 435 – 461.

[165] Barbier, E. B., A. Markandya, "The Conditions for Achieving Environmentally Sustainable Growth?", *European Economic Review*, 1990, 34: 659 – 669.

[166] Baldwin, Okubo, "Heterogeneous Firms, Agglomeration and Economic Geography", *Journal of Economic Geography*, 2006, 6: 323 – 346.

[167] Bartz, S., Kelly, D. L., "Economic Growth and the Environment: Theory and Facts", *Resource and Energy Economics*, 2008, 30: 115 – 149.

[168] Berliant, M., "On Models with an Uncongestible Public Good and a Continuum of Consumers", *Journal of Urban Economics*, 2000, 48: 388 – 396.

[169] Billings, S., E. Johnson, "A Non – parametric Test for Industrial

Specialization", *Journal of Urban Economics*, 2012, 71: 312 – 331.

[170] Brandt, L., Van Biesebroeck, et al., "Firm – level Productivity Growth in Chinese Manufacturing", *Journal of Development Economics*, 2012, 97 (2): 339 – 351.

[171] Brueckner, J., A. Largey, "Social Interaction and Urban Sprawl", *Journal of Urban Economics*, 2008, 64: 18 – 34.

[172] Brueckner, J., "Decentralized Road Investment and Pricing a Congested, Multi – jurisdictional City: Efficiency with Spillovers", *National Tax Journal*, 2015, 68 (35): 839 – 854.

[173] Cai Fang, Meiyan Wang, "A Counterfactual Analysison Unlimited Surplus Labor in Rural China", *China and World Economy*, 2008, 16 (1): 51 – 65.

[174] Carlino, G., S. Chatterjee, "Urban Density and the Rate of Invention", *Journal of Urban Economics*, 2007, 61: 389 – 419.

[175] Christian Fuchs, "The Self – organization of Social Movements", *Systemic Practice and Action Research*, 2006, 19 (1): 101 – 148.

[176] Costanza, R., "What is Ecological Economics?", *Ecological Economics*, 1989, 1 (1): 1 – 7.

[177] Córdoba, J., "On the Distribution of City Sizes", *Journal of Urban Economics*, 2008, 63 (1): 177 – 197.

[178] Combes, P., Duranton, G., Gobillon, L., Puga, D., Roux, S., "The Productivity Advantages of Large Cities: Distinguishing Agglomeration from Firm Selection", *Econometrica*, 2012, 80 (6): 2543 – 2594.

[179] Caldwell, John C., "Toward a Restatement of Demographic Transition Theory", *Population and Development Review*, 1976, 2 (34): 321 – 66.

[180] Curtis, Simon J., "Industry Reallocation Across US Cities, 1977 – 1997", *Journal of Urban Economics*, 2004, 56: 119 – 143.

[181] Daly, H. E., "Towards Some Operational Principles of Sustainable

Development", *Ecological Economics*, 1990, 2 (1): 1 - 6.

[182] David Pearce, Giles Atkinson, "Concept of Sustainable Development: An Evaluation of Its Usefulness 10 Years after Brundtland", *Environmental Economics and Policy Studies*, 1998, 1: 95 - 111.

[183] David Batten, Stanley Salthe, Fabio Boschetti, "Visions of Evolution: Self - organization Proposes What Natural Selection Disposes", *Biological Theory*, 2008, 3 (1): 17 - 29.

[184] Davis, Weinstein, "A Search for Multiple Equilibrium in Urban Industrial Structure", *Journal of Regional Science*, 2006, 48 (1): 29 - 65.

[185] Deng, X., J. Huang, "Growth, Population and Industrialization, and Urban Land Expansion of China", *Journal of Urban Economics*, 2008, 63: 96 - 115.

[186] Duration, G., D. Puga, "From Sectoral to Functional Urban Specialization", *Journal of Urban Economics*, 2005, 57: 343 - 370.

[187] Ewing, R., Cervero, R., " 'Does Compact Development Make People Drive Less' The Answer is Yes", *Journal of the American Planning Association*, 2017, 83 (1): 19 - 25.

[188] Findeisen, S., J. Südekum, "Industry Churning and Evolution of Cities: Evidence for Germany", *Journal of Urban Eeconomics*, 2008, 64: 326 - 339.

[189] Gaubatz, P., Wang, X. X., Wang, N., Lin, D. D., "Look at China's Urban Transformation from Pattern and Pross of Bejing, Shanghai, Guangzhou and Other Large Cities", *Human Geography*, 2009, 1 (4): 77 - 80.

[190] Glaeser, E., "Reinventing Boston: 1640 - 2003", *Journal of Economic Geography*, 2005, 6 (5): 119 - 153.

[191] Grossmann, G. M., Krueger, A. B., "Economic Growth and the Environment", *Quarterly Journal of Economics*, 1995, 110 (2): 353 - 377.

[192] Head, Mayer, "Regional Wage and Employment Responses to Mar-

ket Potential in the EU", *Regional Science and Urban Economics*, 2006, 36 (5): 573 – 595.

[193] Henderson, J., "Political Economy of City Sizes and Formation", *Journal of Urban Economics*, 2000, 48 (7): 453 – 484.

[194] Herderson, J., "Marshall's Scale Economies", *Journal of Urban Economics*, 2003, 53 (9): 1 – 28.

[195] Hollis Chenery and Moises Syrquin, *Patterns of Development*: 1950 – 1970, Oxford University Press, 1975.

[196] J. Vernon Henderson, Jacques Thisse, *Handbook of Regional and Urban Economics*, Vol. 4 *Cities and Geography*, North Holland, 2004, 2173 – 2796.

[197] Jofre – Monseny, J., R. Marin – Lopez, "The Mechanisms of Agglomeration: Evidence from the Effect of Inter – industry Relations on the Location of New Firms", *Journal of Urban Economics*, 2011, 70 (7): 61 – 74.

[198] John Mynard Keynes, *The General Theory of Employment*, *Interest and Money*, Britain: Palgrave Macmillan, 2007.

[199] Krugman, Paul R., *The Self – organizing Economy*, Blackwell Publisher, 1996.

[200] Krugman, P. R., "Urban Concentration: The Role of Increasing Returns and Transport Costs", *International Regional Science Review*, 1996, 19: 5 – 30.

[201] L. Randall Wray, "Policy Options for China: Reorienting Fiscal Policy to Reduce Financial Fragility", *Levy Economics Institue*, 2013, 19 (44): 1 – 15.

[202] Lewis, W. A., "A Model of Dualistic Economics", *American Economic Review*, 1954, 36: 46 – 51.

[203] Lucas, J. R. E., "Life Earnings and Rural – Urban Migration", *Journal of Political Economy*, 2004, 112 (1): 29 – 59.

[204] L. Shen, J. Zhou, "Examining the Effectiveness of Indicators for Guiding Sustainable Urbanization in China", *Habitat International*,

2014, 44: 111 - 120.

[205] Melitz, M., Ottaviano, "Market Size, Trade and Productivity", *Review of Economic Studies*, 2008, 75: 295 - 316.

[206] Munda, G., P. Nijkamp, "Qualitative Multicriteria Methods for fuzzy Evaluation Problems: An Illustration of Economic - ecological Evaluation", *European Journal of Operational Research*, 1995, 82: 79 - 97.

[207] Nolfi, S., "Behavior As a Complex Adaptive System: on the Role of Self - organization in the Development of Individual and Collective Behavior", *Complexesk*, 2005, 3: 195 - 203.

[208] Papageogiou, Y., "Externalities, Indivisibility, Nonreplicability, and Agglomeration", *Journal of Urban Economics*, 2000, 48: 509 - 535.

[209] Paul A. Samuelson, William D. Nordhaus, *Economics*, Beijing: China Machine Press, 2003.

[210] Philippe Askenazy, "Shorter Work Time, Hours Flexibility and Labor Intensification", *Eastern Economic Journal*, 2004, 30 (4): 603 - 614.

[211] Philip Klein, *From Philanthropy to Social Welfare*, San Francisco: Jossey - Bass, 1968.

[212] Portugali, J., "Self - organizing Cities", *Futures*, 1997, 29 (4): 353 - 380.

[213] Rysman, M., S. Greenstein, "Testing for Agglomeration and Dispersion", *Economics Letters*, 2005, 86: 405 - 411.

[214] Shafik, N., "Economic Development and Environmental Quality: An Econometric Analysis", *Oxford Economic Papers*, 1994, 46: 757 - 773.

[215] Stephen Frenkel, Jeffrey Harrod, "Industrialization and Labor Relations", Journal of Labor Research, 1998, 19 (2): 400 - 424.

[216] Thorsnes, P., " Internalizing Neighborhood Externalities: The Effect of Subdivision Size and Zoning on Residential Lot Prices",

Journal of Urban Economics, 2000, 48: 397 −418.

[217] Todaro, M. P., "A Model of Labor Migration and Urban Unemployment in Less Developed Counties", *American Economic Review*, 1969, 59 (1): 138 −148.

[218] Yigitcanlar, T., Dur, F., "Developing a Sustainability Assessment Model: The Sustainable Infrastructure, Land − use, Environment and Transport Mode", Sustainbility, 2010, 2 (1): 321 − 340.

[219] Zhang, M., Ding, C. R., Robert Cervero, "Integration of Land Use and Transportation: New Urbanism and Rational Growth", *City Development Research*, 2005, 1 (4): 46 −52.

后　记

　　《产城融合的测度、机制及效应研究》一书，是在我的博士论文和我主持的"陕西省新型城镇化质量研究——基于产城融合的发展与测度"（2014C025）研究报告的基础上修改而成的。

　　本书的写作是针对城市经济中产业发展因缺乏前瞻规划及后期公共服务和配套设施的建设而出现的产城脱节问题展开的研究，写作期间，无论在理论阐述部分，还是实证分析部分都经过多次反复推敲与修改，希望自己的努力成果在成书后为各有关方所需。

　　写作过程磕磕绊绊，修改过程更非一帆风顺，在此，我谨向帮助过的老师、同事、同学、朋友和家人致以最诚挚的感谢。

　　感谢我的博士导师安树伟教授和赵守国教授。在整个写作与修改过程中，两位老师的学养师德对我影响深远，他们以渊博的专业知识、严谨的治学态度、平易近人的人格风范言传身教于我，使我受益匪浅。安老师在整个过程给予悉心指导与教诲，老师高深精湛的造诣与严谨求实的敬业精神激励着我努力前行，帮助我克服学习工作中的各种困难。赵老师以敏锐的学术思维与精益求精的治学态度为我树立了学习的典范，在写作与修改过程中不厌其烦地精心指导，敦促我不断进步，不敢懈怠。

　　衷心感谢我的硕士导师郭立宏教授，在百忙之中对我的写作提出建设性意见，郭老师以开拓创新的精神激励我踏实进取，勇敢前行。

　　感谢西安交通大学严明义教授和西北大学刘慧侠教授为帮助此书出版提供的宝贵意见与建议，学者风范让我受益匪浅。

　　非常感谢我所在单位西安财经大学的学术著作出版基金资助，感谢单位的各级领导、同事及朋友在我写作期间给予的支持与帮助。

感谢中国社会科学出版社帮助出版此书，尤其是刘晓红编辑，她认真负责的态度让我尤为感动。

深深感谢我的家人在我写作与修改期间的支持与理解，为我顺利完成书稿做出的牺牲与帮助，是他们无怨无悔的付出成全了我"学海无涯，书囊无底"的坚持。

刘欣英

2019 年 3 月 16 日